APPRENDRE EN JOUANT DE LA

PETER WASTALL

La série de méthodes instrumentales **Apprendre en jouant**
convient autant aux cours particuliers
qu'à l'enseignement collectif.

La méthode, divisée en 24 chapitres,
met nettement l'accent sur le développement de la musicalité
dès les débuts de l'apprentissage instrumental
et habitue d'emblée l'élève à un large éventail de musique
comprenant des œuvres de grands compositeurs actuels.
Chaque chapitre se décompose selon le programme pédagogique suivant :

1
Présentation des nouvelles notions par étapes progressives faciles à assimiler.
2
Application rapide de ces nouvelles notions
dans des exercices courts et concis.
3
Stimulation au travail et élargissement du répertoire
à travers des solos instrumentaux écrits par de grands compositeurs.
4
Entraînement progressif à la technique instrumentale spécifique
grâce à des études techniques.
5
Initiation à la musique d'ensemble par des duos instrumentaux
(un chapitre sur deux). Les duos des premiers chapitres peuvent être
accompagnés au clavier ou à la guitare (les chiffrages d'accords sont indiqués).

Les progrès sont évalués tous les 8 chapitres par des Morceaux de Concert
rassemblant toutes les connaissances préalablement acquises.
Les accompagnements au piano de ces pièces sont disponibles
dans un cahier séparé
(Peter Wastall, **Learn As You Play Clarinet** – Piano Accompaniment.
Éditions Boosey & Hawkes, réf. BH 02928),
ainsi que sur cassette, réf. 09292

SERIES EDITOR
PETER WASTALL

Bec et ligature

Pour monter l'embouchure, aligner le bec, le barillet et le corps du haut de façon à ce que l'anche soit aussi alignée sur le trou arrière du pouce. La ligature doit se trouver environ 4 mm plus bas que la partie inclinée du bec.

Barillet

Corps du haut

Corps du bas

Pour monter le corps du bas, fixer d'abord le pavillon, puis aligner le corps du bas et le corps du haut de façon à ce que les trous forment une ligne droite. Attention de ne pas endommager le mécanisme reliant les deux corps (appuyez sur l'anneau du corps du haut, pas sur ceux du bas).

Pavillon

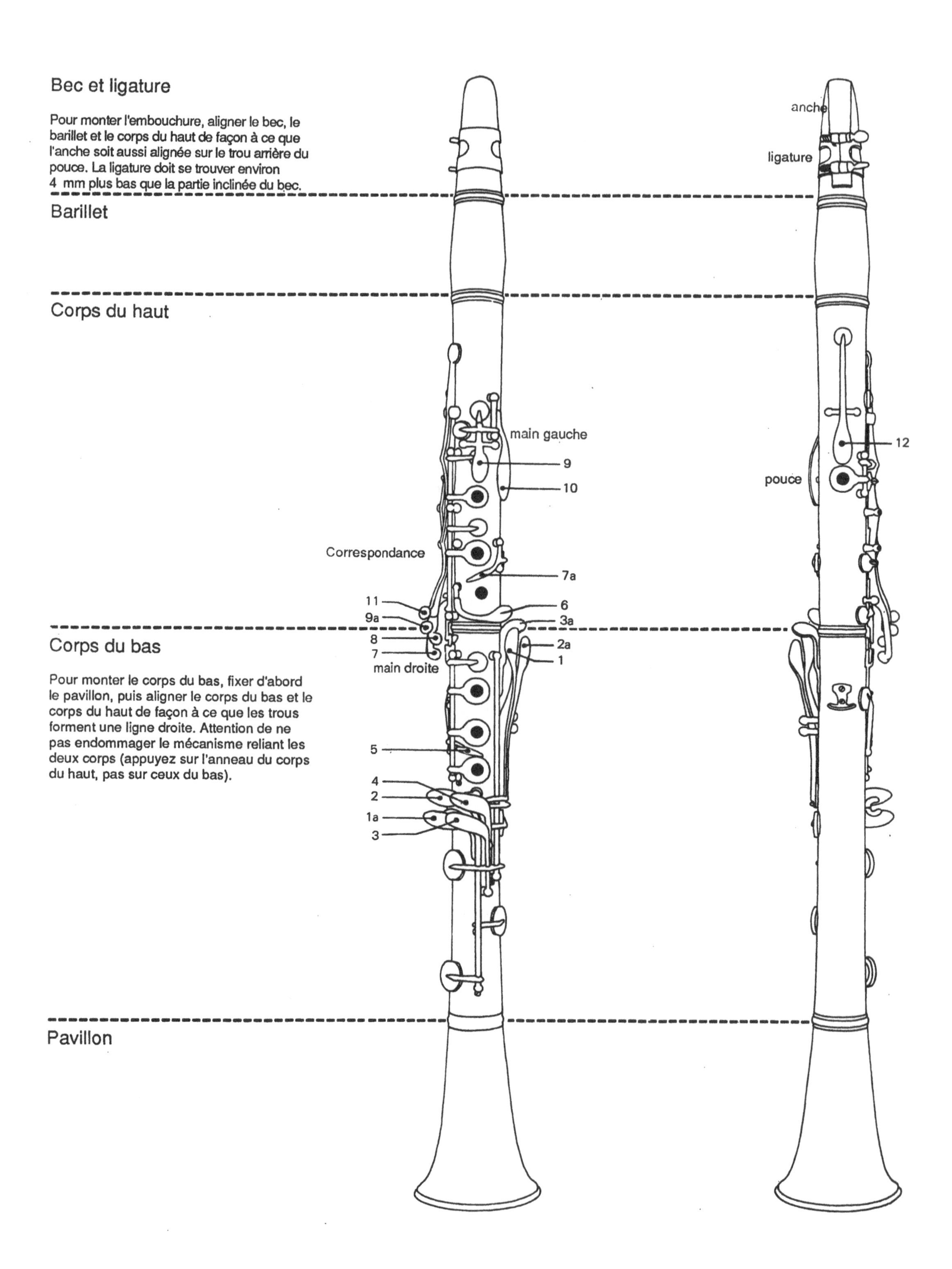

Position des mains

La position des mains laisse les doigts se placer souplement au-dessus des trous.

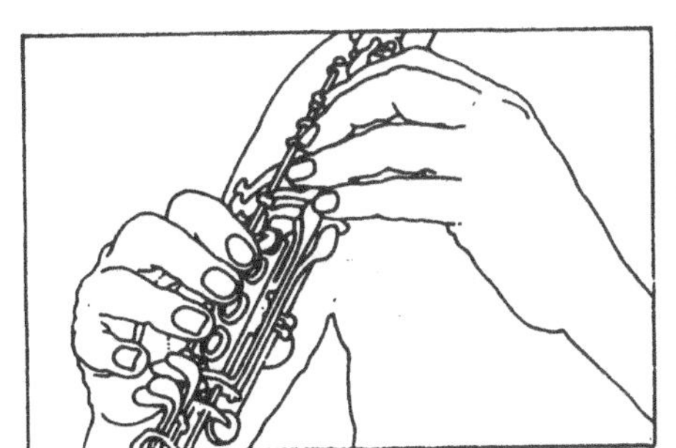

Position de la main gauche

Seul le côté de la première phalange de l'index touche la clef 9 pour jouer le *la* (chapitre 5).

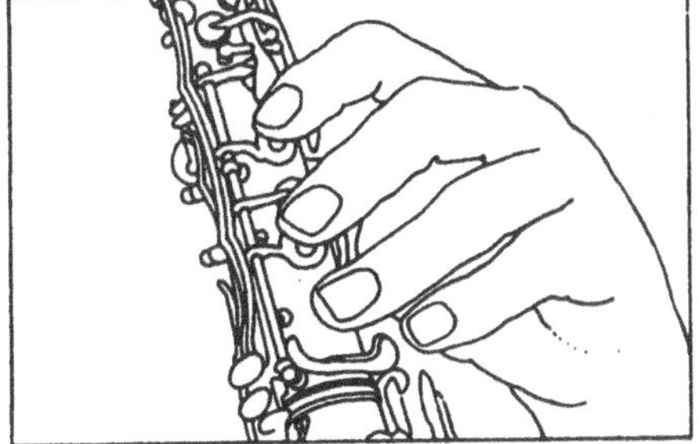

Position du pouce

Le pouce gauche forme presque un angle droit avec la clarinette, le gras du pouce recouvrant le trou.

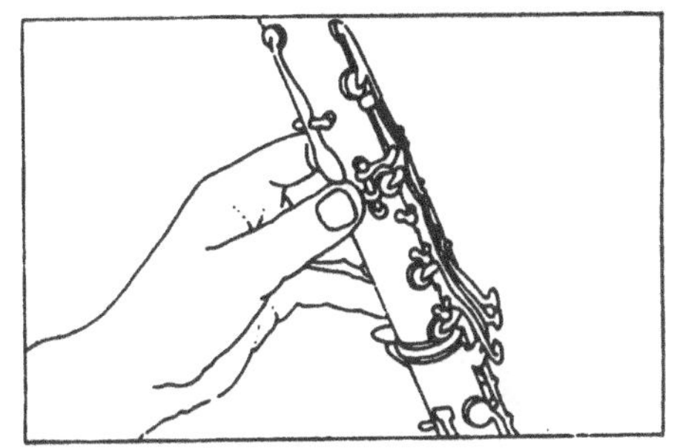

Installation de l'anche

Avant de placer l'anche, humidifiez-la légèrement dans la bouche. L'extrémité fine de l'anche doit se trouver au même niveau que celle du bec, celui-ci dépassant à peine l'anche.

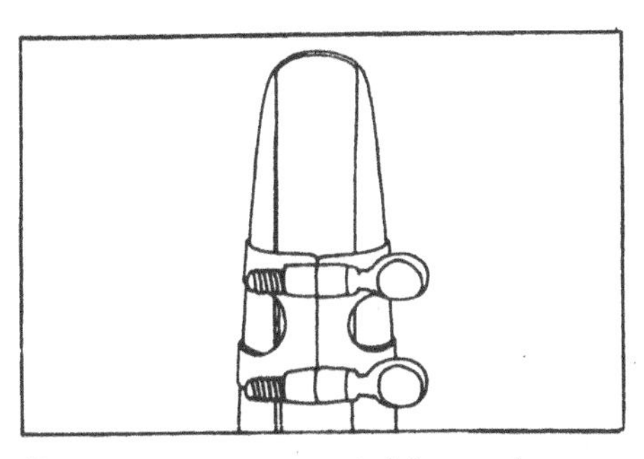

Reportez-vous au tableau de doigtés ci-dessous et comparez les sons des notes *Do, Ré, Mi* et *Fa.*

Position des dents

La mâchoire inférieure (2) se place normalement plus en avant sur le bec que la mâchoire supérieure (1).

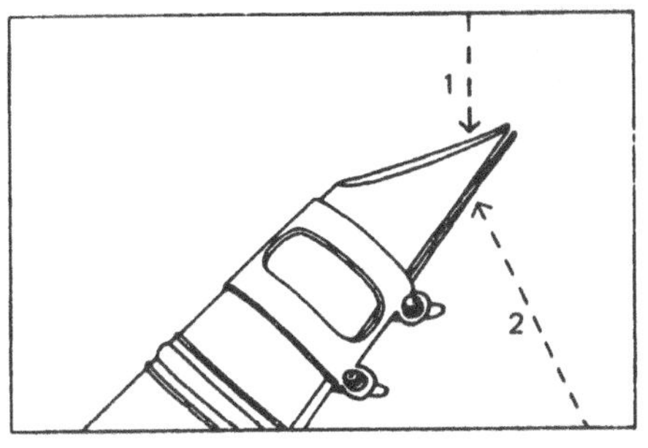

Attaquez chaque note avec un mouvement de la langue semblable à celui effectué pour prononcer la lettre T.

Embouchure

Les lèvres s'arrondissent en souplesse autour du bec, l'intérieur de la lèvre inférieure légèrement ressorti.

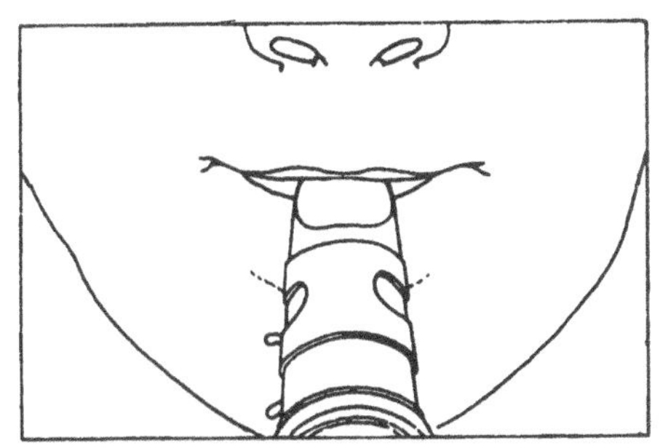

Pour le coup de langue, la langue doit toucher la partie inférieure de l'anche, près de son extrémité.

fermé ●
ouvert ○

			Do	Ré	Mi	Fa
Main gauche	pouce		●	●	●	●
		index	●	●	●	○
		2e doigt	●	●	○	○
		3e doigt	●	○	○	○
main droite		index	○	○	○	○
		2e doigt	○	○	○	○
		3e doigt	○	○	○	○

NOTIONS PRÉPARATOIRES AU CHAPITRE 1

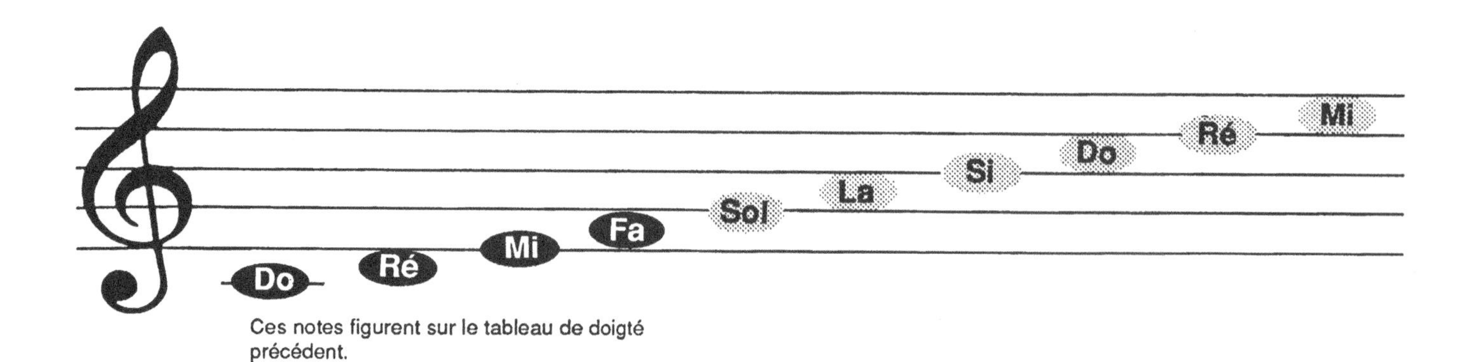

Ces notes figurent sur le tableau de doigté précédent.

Notation

Les noms des sept notes sont **Do, Ré, Mi, Fa, Sol, La, Si.** On voit sur cet exemple qu'elles sont placées sur une portée (nom donné à l'ensemble des cinq lignes), chaque ligne et chaque interligne portant une note distincte.

La clef de *Sol*

Comme on utilise les mêmes noms de notes sur tous les instruments (les instruments sonnant dans le grave tout comme ceux sonnant dans l'aigu), une clef est placée au début de chaque portée pour désigner la hauteur exacte. La musique pour clarinette s'écrit en clef de *Sol.*

Durée des notes

La durée d'une note est mesurée par la pulsation (le temps). Les différentes durées sont indiquées par des figures de notes distinctes. Les trois figures de notes utilisées dans le chapitre 1 sont :

Jouez les noires de cet exercice en essayant de tenir chacune d'elles pendant exactement la même durée.

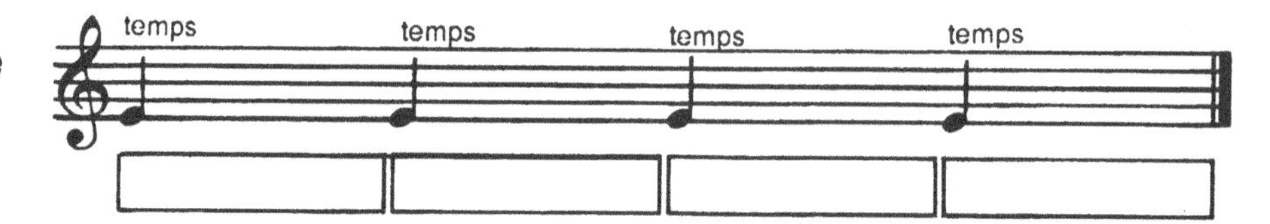

Jouez les blanches de cet exercice en tenant chacune d'elles pendant la durée des temps 1 et 2 additionnés.

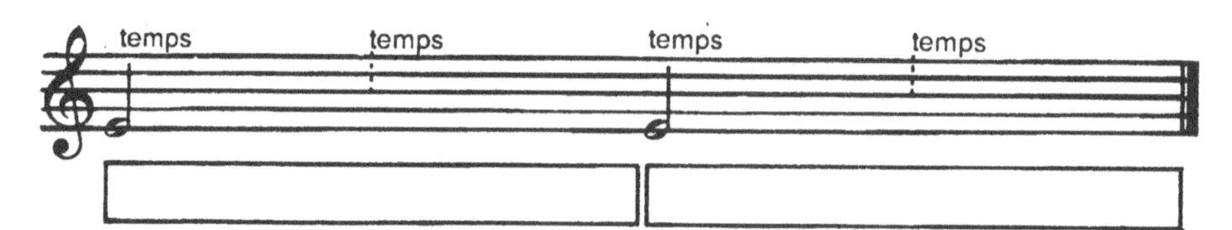

Jouez la ronde de cet exercice en vous efforçant de la tenir pendant quatre temps exactement.

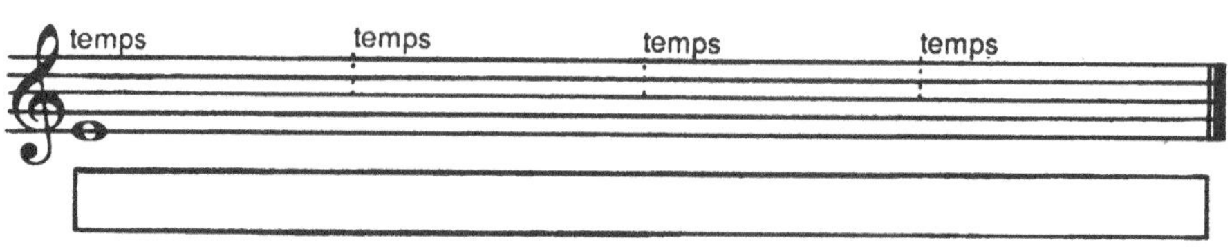

temps temps temps temps

Mesures et barres de mesures

barre

double barre

Les temps se regroupent en général par 2, 3 ou 4. Pour indiquer cette subdivision, la musique est notée par mesures, séparées par des barres verticales appelées « barres de mesure ».

La double barre sépare différentes parties d'une même pièce.

Une double barre fine/épaisse indique la fin d'un morceau ou d'un exercice.

Chiffrage de mesure

On place un chiffre de mesure au début de tous les morceaux de musique pour indiquer le nombre de temps contenus dans une mesure ainsi que la valeur de note équivalant à un temps. On l'écrit sous forme de fraction, la valeur de la noire étant désignée comme une fraction de la ronde.

$\frac{2}{4}$ = deux pulsations de noires par mesure

1 2 1 2 1 2 1 2 1 2 1 2 1 2

$\frac{3}{4}$ = trois pulsations de noires par mesure

$\frac{4}{4}$ = quatre pulsations de noires par mesure

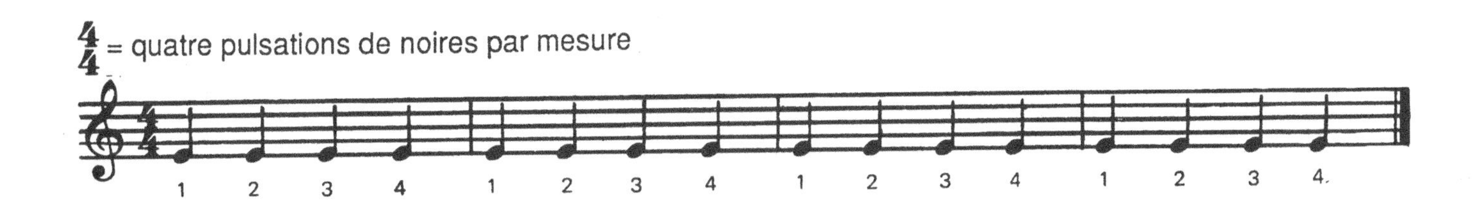

CHAPITRE 1

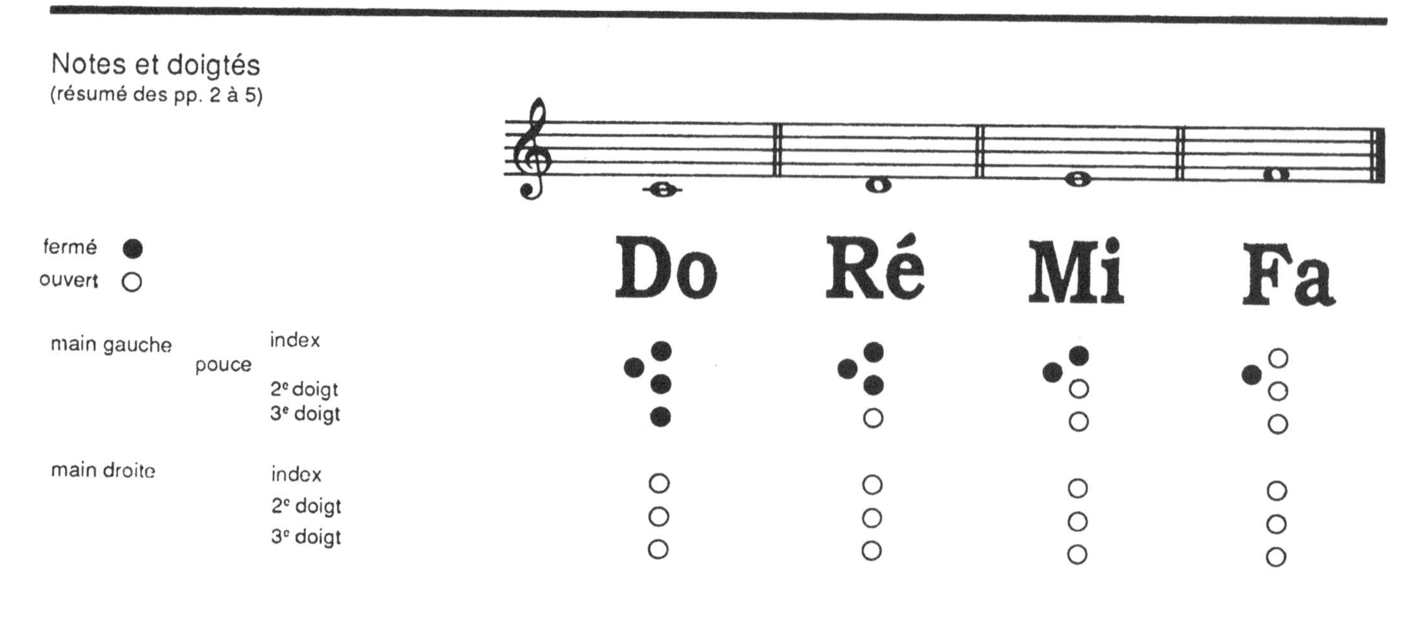
Notes et doigtés
(résumé des pp. 2 à 5)
fermé
ouvert
main gauche
pouce
index
2e doigt
3e doigt
main droite
index
2e doigt
3e doigt
Do
Ré
Mi
Fa

Exercice 1
Exercice 2
Exercice 3
Exercice 4

Exercice 5

Musicalité

Vous remarquerez en exécutant les solos instrumentaux que les notes forment des séquences comparables à des vers poétiques. On appelle ces séquences musicales des phrases. Pour vous aider à les discerner, les phrases de ce premier chapitre on été encadrées par des crochets horizontaux. On prend normalement sa respiration à la fin des phrases. Des respirations intermédiaires peuvent être ajoutées, mais elles doivent rester discrètes afin de ne pas couper le débit naturel de la phrase.

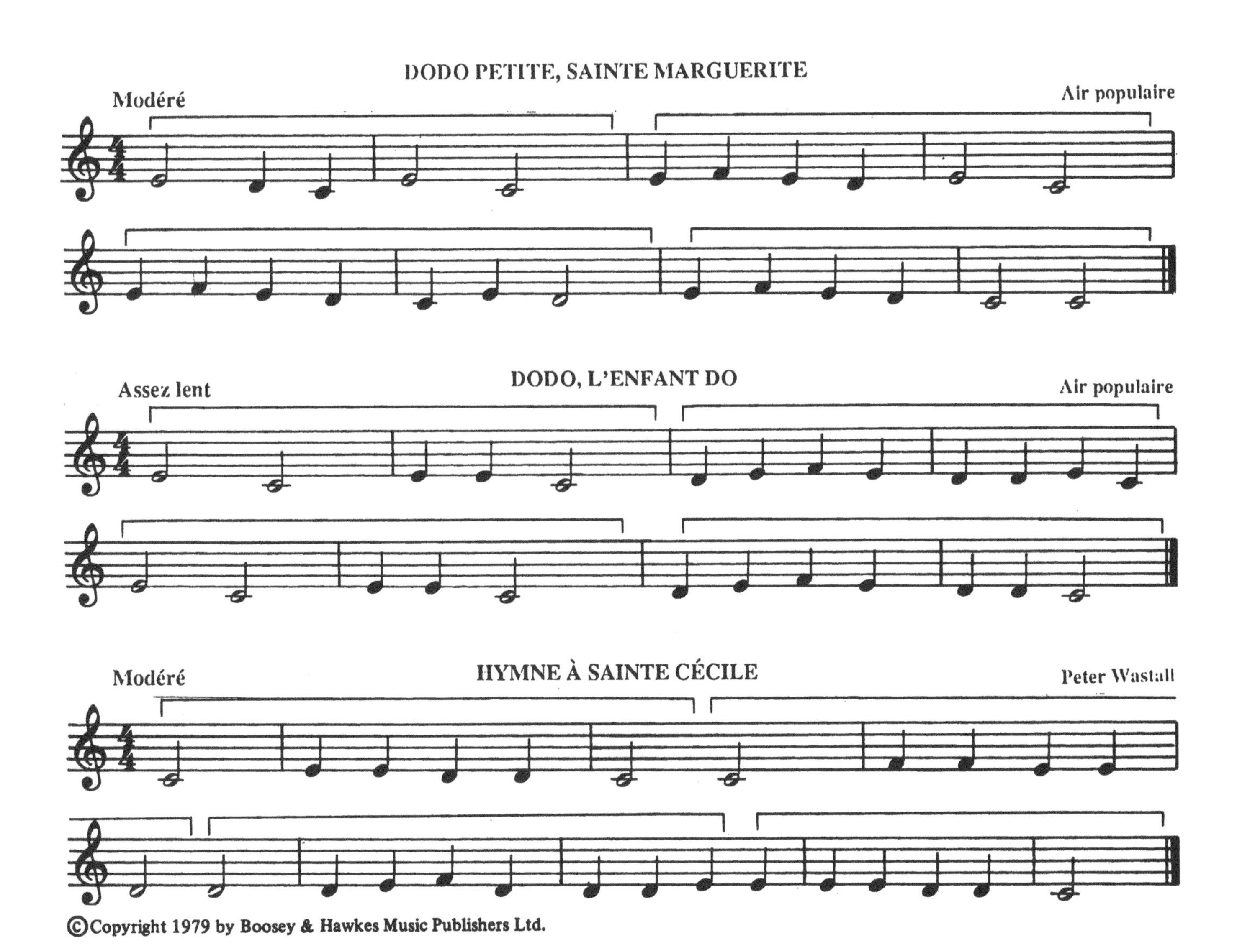

CHAPITRE 2

Le point d'orgue

Lorsqu'un point d'orgue est placé au-dessus d'une note, la pulsation rythmique est interrompue et on tient la note plus longtemps que sa valeur. Dans la première partie de cette méthode, le point d'orgue apparaîtra surtout dans les exercices, surmontant les notes à tenir le plus longtemps possible.

Les silences

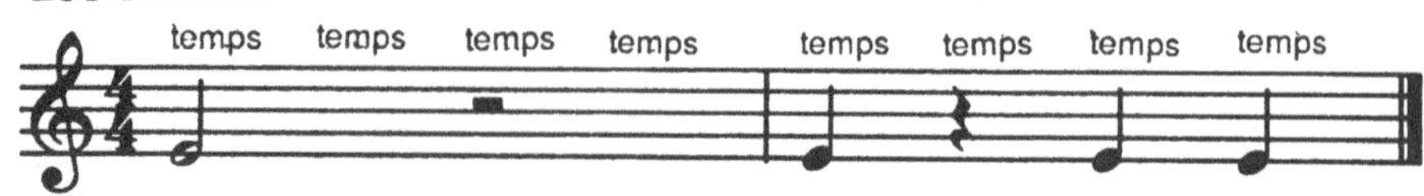

La durée des espaces de temps pendant lesquels on ne joue pas est indiquée par diverses figures de silences correspondant à chacune des figures de notes. Les silences indiqués ici sont la demi-pause (égale à la blanche : 2 temps de silence) et le soupir (égal à la noire : 1 temps de silence).

Exercice 1

Exercice 2

Exercice 3

MENUET

Assez vite

D'après un menuet de James Hook

Sonorité

L'un des meilleurs moyens d'obtenir une sonorité ronde et pleine est de jouer des notes longues isolées. Observez les recommandations suivantes dans l'exercice ci-dessous :

1. Écoutez attentivement le son produit en vous efforçant d'obtenir une sonorité pleine et égale.
2. Contrôlez la formation de l'embouchure. N'oubliez pas que le point d'appui (point de contact de la lèvre inférieure et de l'anche) est essentiel à une bonne sonorité.
3. Vérifiez la proportion de l'embouchure qui se trouve à l'intérieur de la bouche. De manière générale, les dents du haut doivent reposer sur le bec à environ 6 millimètres de son extrémité.
4. Assurez-vous que le diaphragme fournit un léger support au flux d'air (on dit aussi « colonne d'air »).

LET'S BEGUINE

(Duo pour l'élève et le professeur)

Dans le style d'une biguine

Peter Wastall

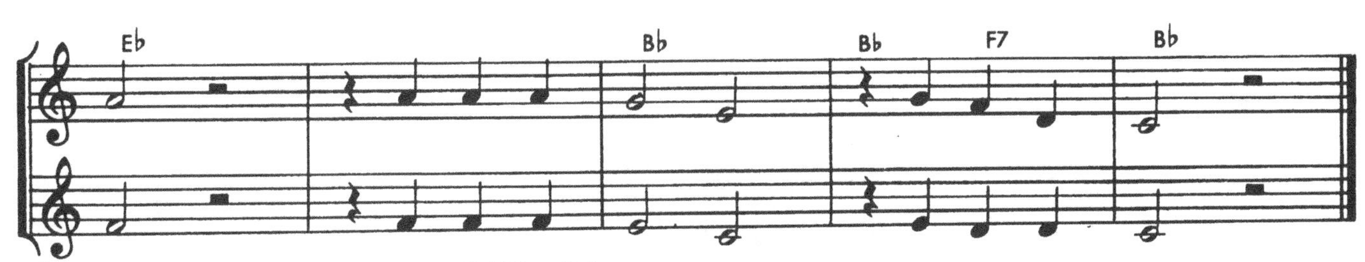

* Accords chiffrés (hauteur réelle) pour accompagnement au clavier.

CHAPITRE 3

Le point placé à côté d'une note prolonge la durée de celle-ci de la moitié de sa valeur. De ce fait, la blanche pointée sera égale à une blanche (2 temps) et une noire (1 temps), soit au total 3 pulsations de noires.

Deux points superposés placés au début et à la fin d'un passage indiquent qu'on doit le jouer deux fois ; on les appelle « points de reprise ». Les deux points agissent comme une sorte de butoir et renvoient aux deux points précédents. Si l'on ne rencontre qu'une seule paire de points, on fait la reprise au début du morceau.

Musicalité

La mémorisation de lignes mélodiques est fondamentale pour les progrès de la musicalité. Pour améliorer votre mémoire musicale, obligez-vous à retenir un court solo instrumental chaque semaine.

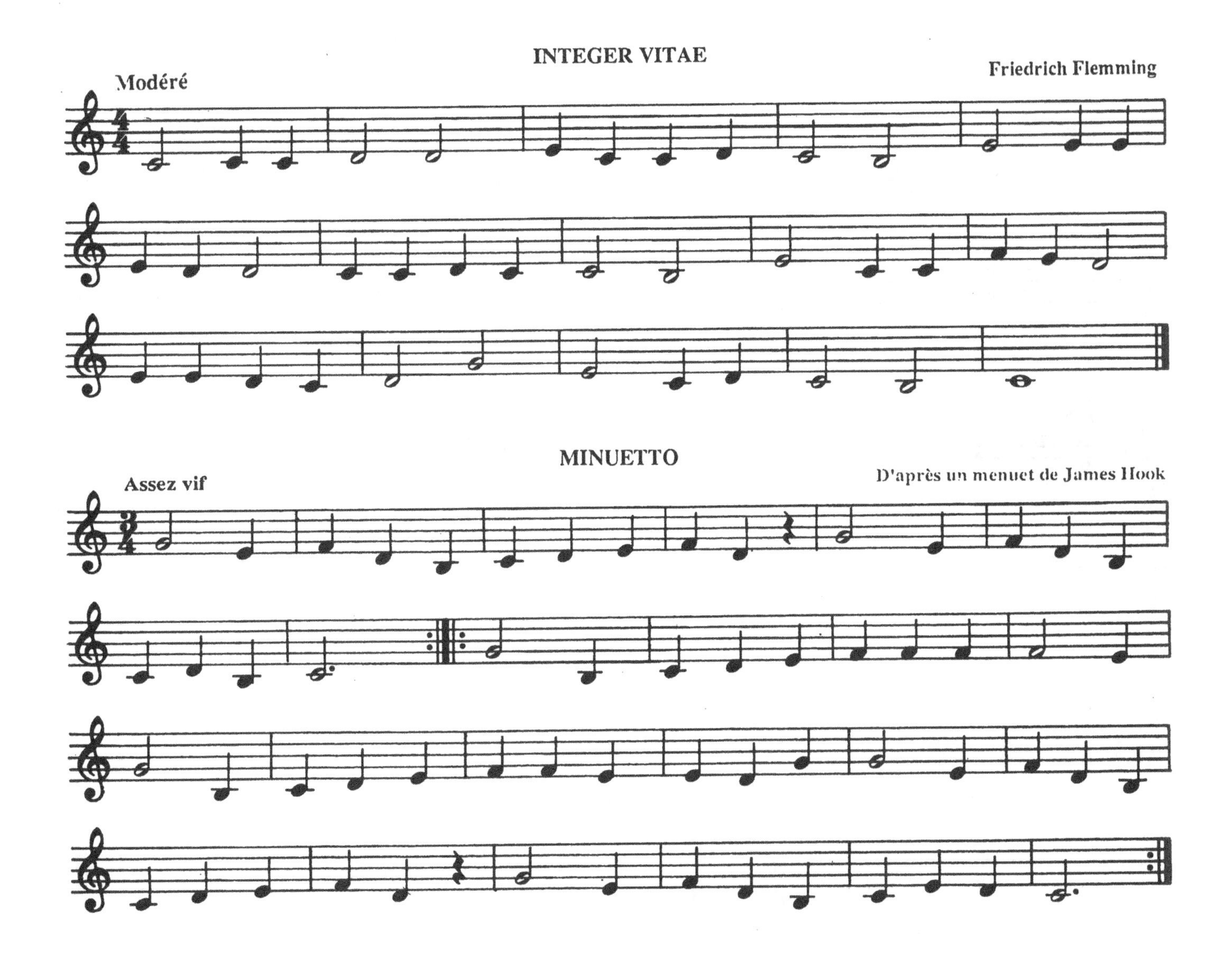

CHAPITRE 4

La pause est utilisée pour indiquer une mesure complète de silence, quel que soit le nombre de temps de cette mesure. Quand vous rencontrez une pause, vérifiez le chiffrage de la mesure pour connaître le nombre de temps à compter. Comparez les trois exemples ci-dessus.

Une liaison de durée est une ligne courbe, placée au-dessus ou au-dessous de deux notes de même hauteur. La liaison relie ces notes en un son continu. Il faut donc obtenir un son continu et ne pas effectuer de coup de langue sur la deuxième note.

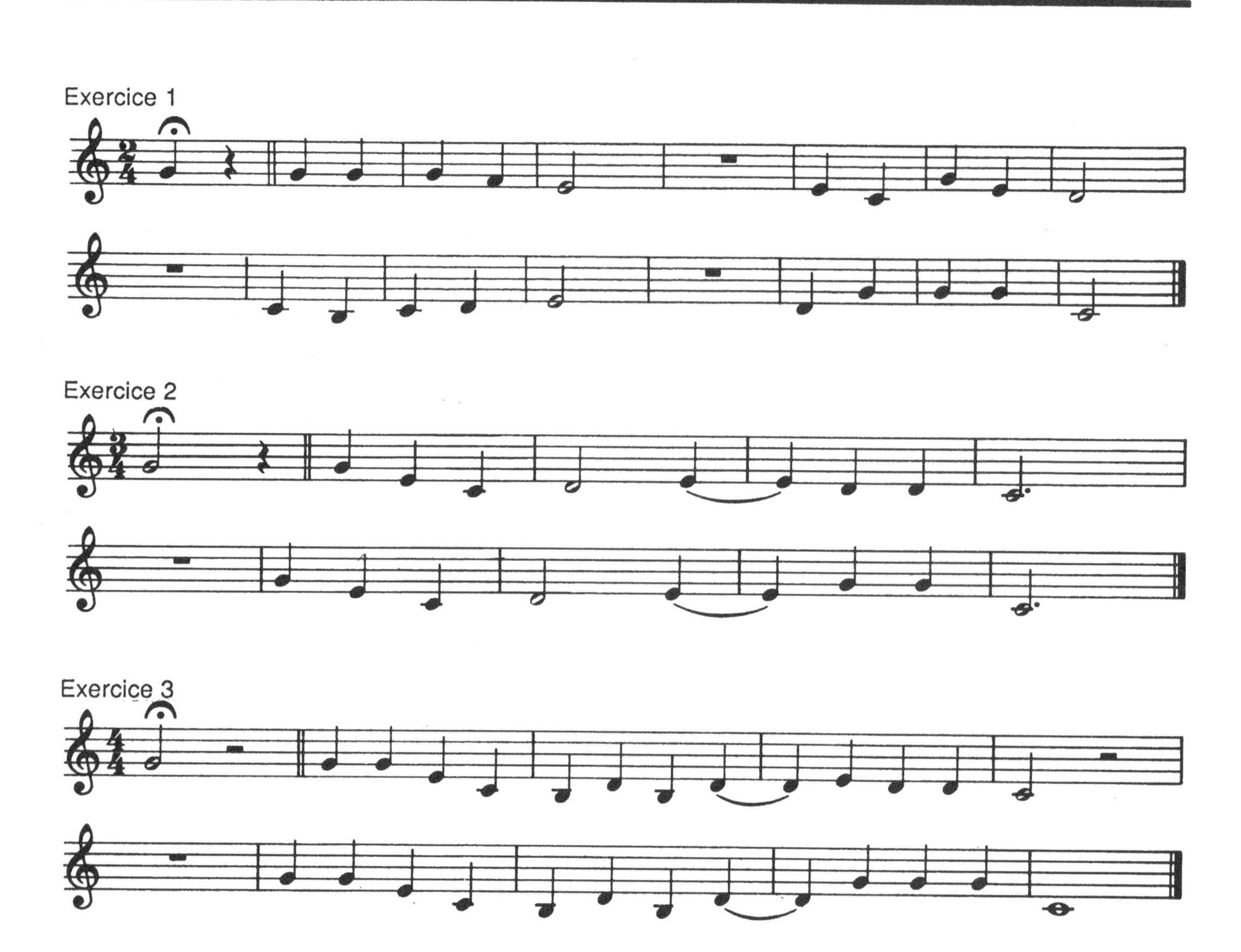

Sonorité

1. Jouez l'exercice avec des muscles faciaux fermes et les commissures des lèvres rentrées vers l'intérieur.
2. Maintenez une pression d'air égale du diaphragme.
3. Contrôlez la position de la lèvre inférieure, recherchez un point de contact permettant à l'anche de vibrer avec un maximum d'efficacité.

CHAPITRE 5

Nouvelles notes

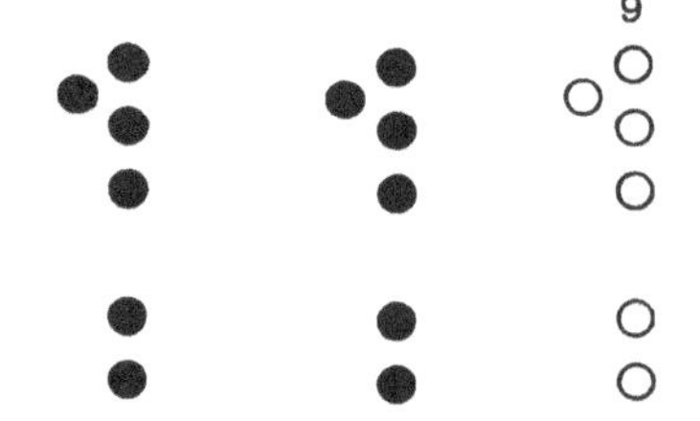

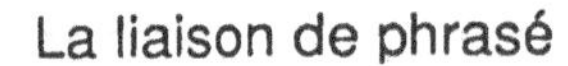
La liaison de phrasé

Une liaison de phrasé est une ligne incurvée placée au-dessus ou au-dessous d'une série de notes de hauteurs différentes. Elle signifie que les notes contenues à l'intérieur de la liaison doivent être jouées sur une seule respiration. On parvient à ceci en effectuant un coup de langue sur la première note uniquement.

Termes italiens

On emploie des termes en italien pour préciser le mouvement (la rapidité) d'un morceau, ainsi que pour les nuances. Les termes indiquant les nuances sont générale-ment abréviés. Vous trouverez une liste de termes italiens avec leur traduction à la fin du volume.

Exercice 1

Exercice 2

Exercice 3

Exercice 4

Musicalité

L'articulation (terme désignant l'utilisation du coup de langue dans la musique pour instruments à vent) joue un rôle essentiel dans l'expression en permettant le phrasé qui est le discours de la musique, l'équivalent de la déclamation. La langue permet l'expression à travers l'alternance des syllabes formées et des forces d'attaque. Attachez-vous, dans ce chapitre, à l'amélioration du phrasé en vous appuyant sur l'articulation pour donner plus de sens aux phrases.

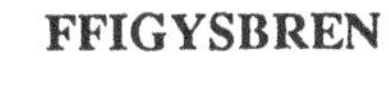

FFIGYSBREN

Modéré — **Air traditionnel gallois**

CHORAL

Animé — **Allemagne, XVIe siècle**

ACCLAMONS L'OINT DU SEIGNEUR

Lent et digne — **Johann Crüger**

CHAPITRE 6

Staccato

Un point placé au-dessus ou au-dessous d'une note indique qu'elle doit être détachée. On écourte donc sa valeur par un effet heurté, semblable à celui produit par la syllabe TAP.

La croche

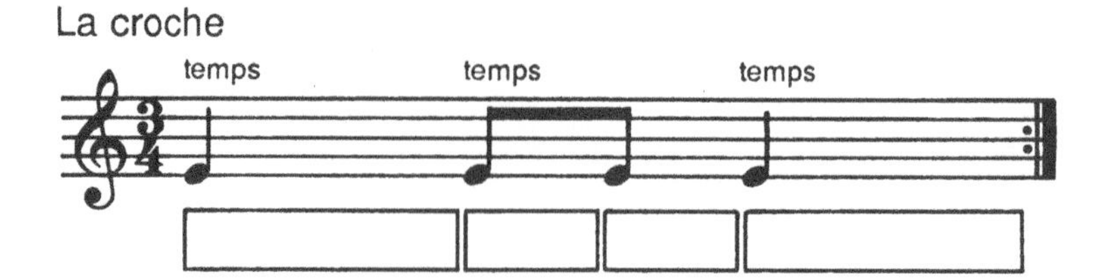

La valeur de la croche est égale à la moitié de celle de la noire. Elle s'écrit avec un crochet raccordé à la hampe (exemple page 24). Pour faciliter la lecture, on relie les groupes de croches par une barre transversale.

Exercice 1

Exercice 2

Exercice 3

Conseils de déchiffrage

Pour jouer des croches, lisez-les comme vous liriez un mot de deux syllabes. Ainsi, quand vous lisez le mot « docteur », vous ne séparez pas la syllabe « doc » de la syllabe « teur ». Il faut développer cette lecture par « blocs » le plus tôt possible dans l'apprentissage de la lecture musicale. Pour vous aider, efforcez-vous, quand vous rencontrez des croches, de lire les deux notes en même temps.

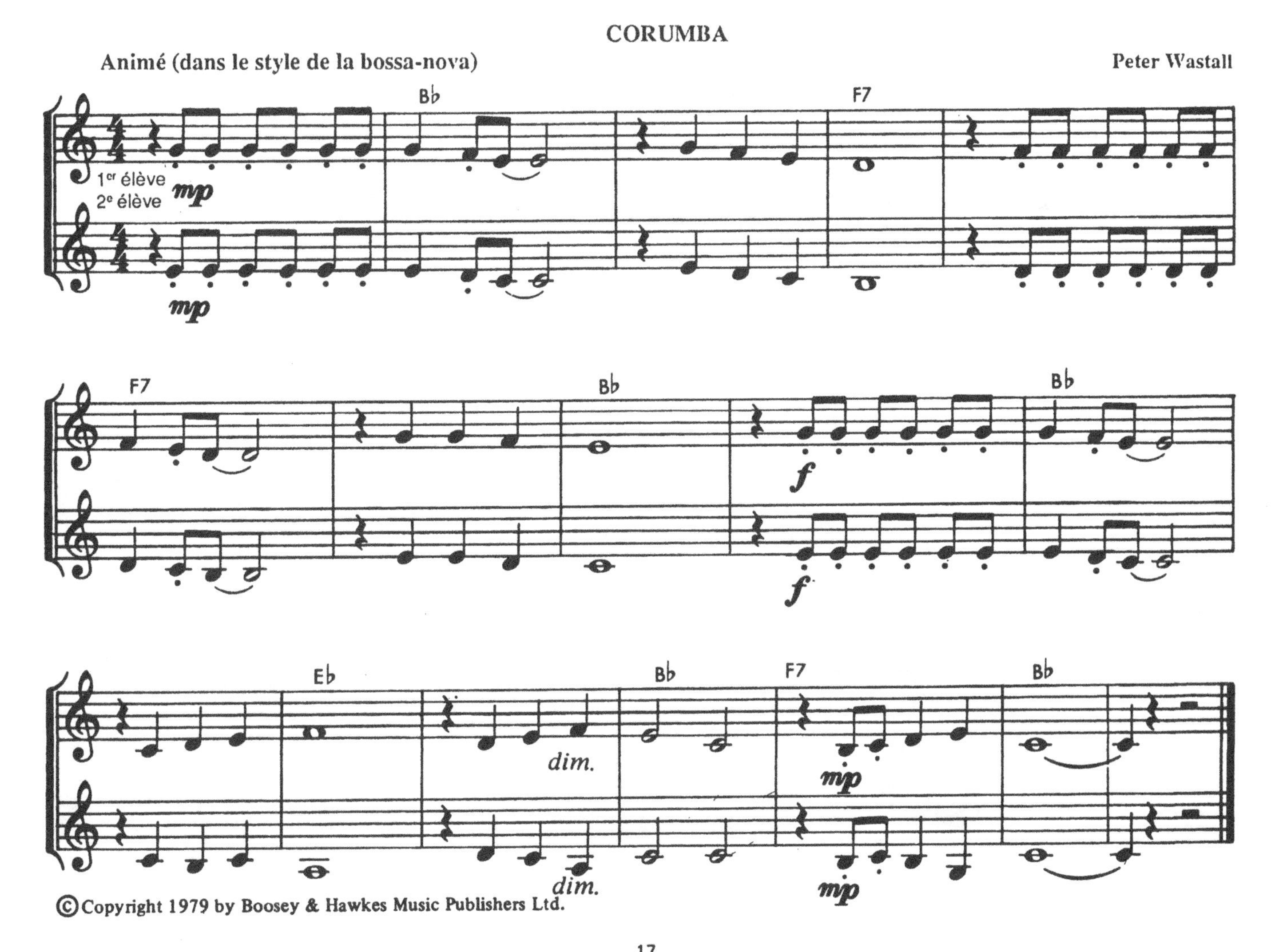

CHAPITRE 7

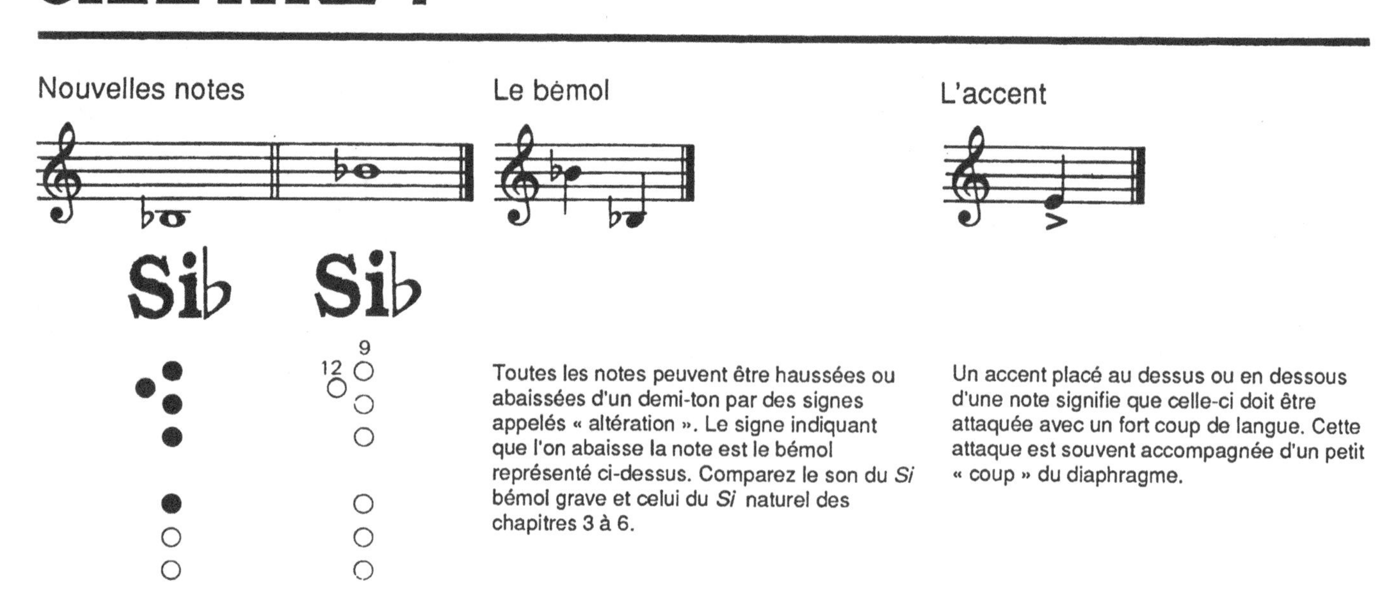

Toutes les notes peuvent être haussées ou abaissées d'un demi-ton par des signes appelés « altération ». Le signe indiquant que l'on abaisse la note est le bémol représenté ci-dessus. Comparez le son du *Si* bémol grave et celui du *Si* naturel des chapitres 3 à 6.

Un accent placé au dessus ou en dessous d'une note signifie que celle-ci doit être attaquée avec un fort coup de langue. Cette attaque est souvent accompagnée d'un petit « coup » du diaphragme.

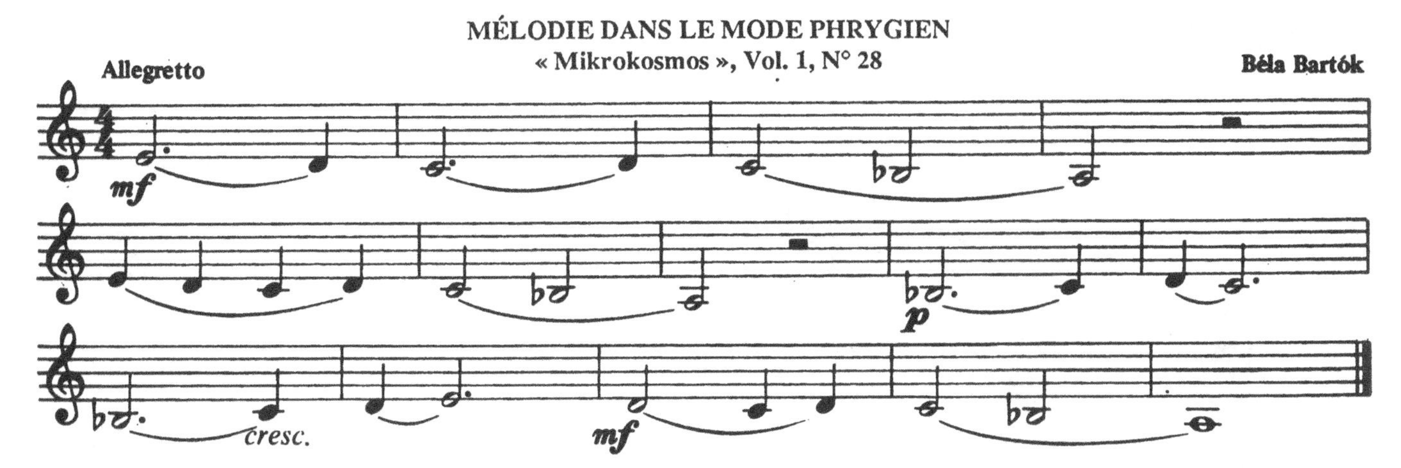

Technique des doigts

1. Pour aller vers le *Si* bémol, placez le côté de l'index sur la clef 9 et le bord du pouce sur la clef 12, de façon à effectuer une sorte de pincement.
2. Sur le *Si* bémol, assurez-vous que le trou du pouce est complètement ouvert et que l'anneau du pouce est relevé. Courbez légèrement l'articulation du pouce si nécessaire.
3. Reprenez l'exercice (a) avec les notes des exercices (b), (c), (d) et (e).
4. Pour revenir à la première note des exercices (b), (c), (d) et (e), veillez à ce que le pouce et les autres doigts retombent ensemble.

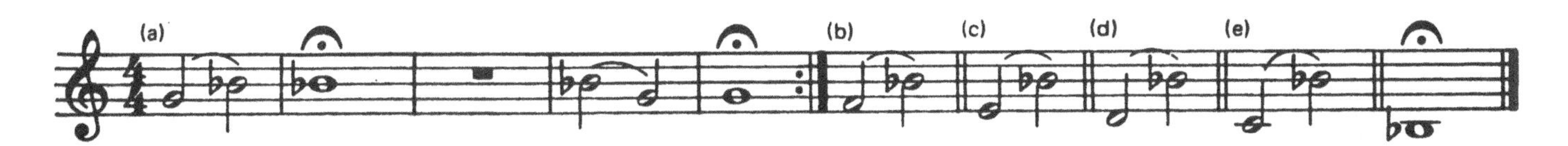

CHAPITRE 8

Nouvelles notes

Tonalités et armure de la clef

* Ces deux notes sont des *Si* bémol comme l'indique l'armure de la clef.

On appelle armure de la clef les altérations (ici des bémols) placées au début de chaque portée. Chaque bémol occupe l'emplacement d'une note, indiquant ainsi qu'à chacune de ses apparitions, cette note devra être abaissée. Les deux tonalités qui ont un bémol à la clef sont *Fa* majeur et *Ré* mineur.

Altérations accidentelles

* Ces deux notes sont des *Si* bémol comme l'indique l'altération.

On appelle altération accidentelle un bémol ou un dièse placé devant une note et qui n'apparaît pas à la clef. L'effet de l'altération s'applique à toutes les notes suivantes de même hauteur pour la durée de la mesure.

Fa majeur

Exercice 1

Exercice 2

Exercice 3

Gammes et arpèges

Fa majeur, à jouer par cœur.

Musicalité

L'articulation (terme désignant l'utilisation du coup de langue dans la musique pour instruments à vents) joue un rôle essentiel dans l'expression en permettant le phrasé qui est le discours de la musique, l'équivalent de la déclamation. La langue permet l'expression à travers l'alternance des syllabes formées et des forces d'attaque. Attachez-vous, dans ce chapitre, à l'amélioration du phrasé en vous appuyant sur l'articulation pour donner plus de sens aux phrases.

MORCEAUX DE CONCERT DES CHAPITRES 1 À 8

Il existe un accompagnement de piano pour les morceaux de concert qui donnera l'expérience de l'exécution avec un accompagnateur. Peter Wastall, **Learn As You Play Clarinet** - Piano Accompaniments. Éditions Boosey & Hawkes, réf. BH 02928.

CHŒUR

extrait de « Pâris et Hélène »

C. W. GLUCK
(1714-1787)
arr. PETER WASTALL

TRÄLLERLIEDCHEN

extrait de « Album pour la jeunesse» op. 68

ROBERT SCHUMANN
(1810-1856)
arr. PETER WASTALL

CHAPITRE 9

Tonalités et armure à la clef

Les deux tonalités qui n'ont ni bémol, ni dièse à la clef sont *Do* majeur et *La* mineur. La musique contenue dans ce chapitre est en *Do* majeur

La noire pointée

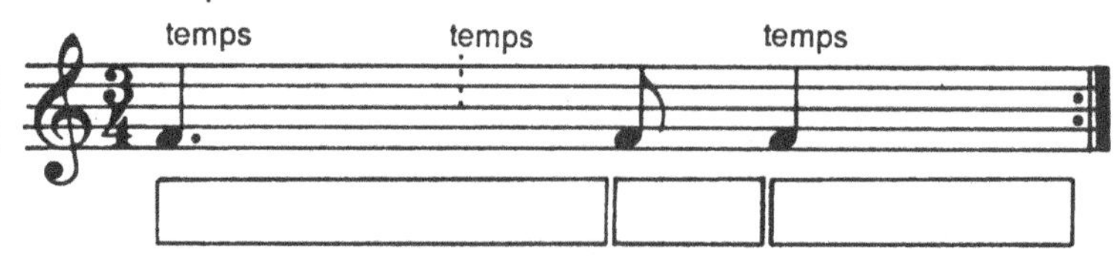

Puisque le point placé après une note la prolonge de la moitié de sa valeur, la valeur d'une noire pointée sera d'une pulsation et demie de noire et égale à la valeur de trois croches. D'après l'exemple ci-dessus, comparez les mesures 2 et 3 du premier exercice.

Do majeur

Exercice 1

Exercice 2

Exercice 3

Le registre supérieur

On peut obtenir une nouvelle série complète de notes en ajoutant la clé 12, appelée « clé de douzième », aux doigtés déjà appris. Celles-ci feront l'objet du chapitre 10. L'exercice suivant a pour but de vous y préparer. Pour en tirer le plus de bénéfice possible, apprenez-le par cœur et jouez-le sans partition. Une fois que vous le jouerez de manière satisfaisante, apprenez l'exercice 1 du chapitre 10 qui servira également de préparation.

CHAPITRE 10

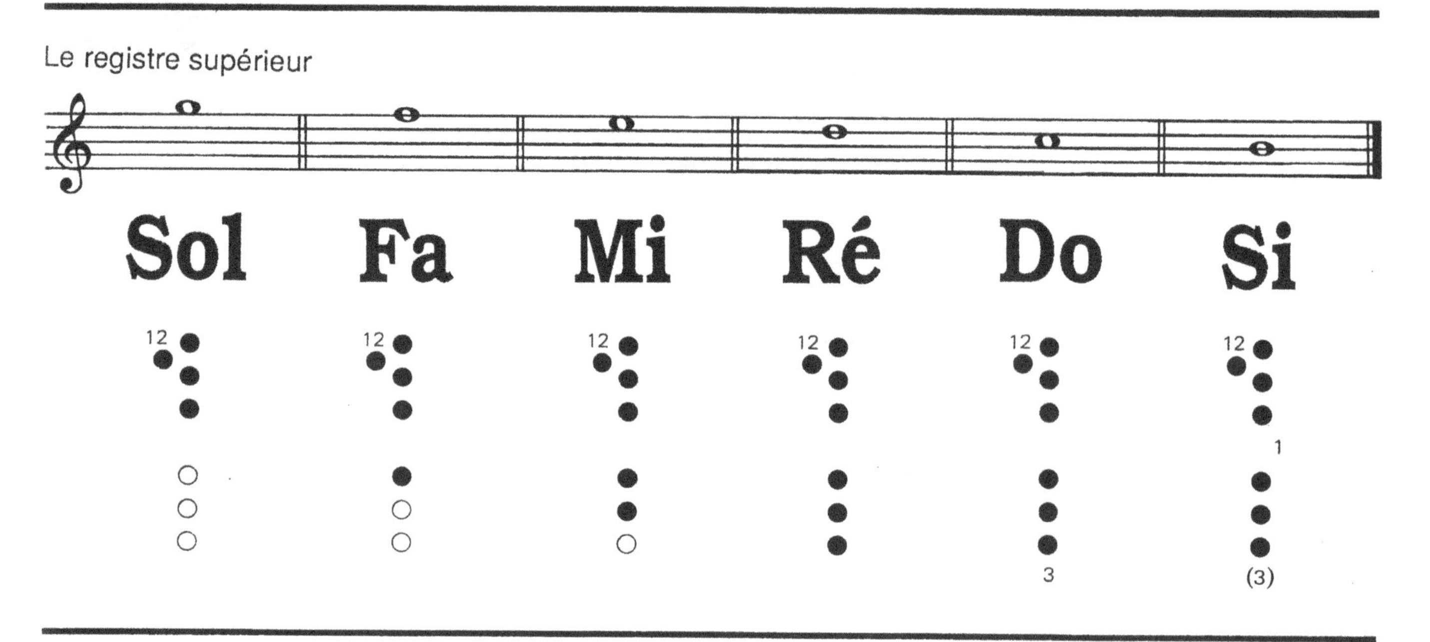
Le registre supérieur
Sol
Fa
Mi
Ré
Do
Si
12
1
3
(3)

Exercice 1
mf
Exercice 2
mf
Exercice 3
mf

EUDOXIA

Technique des doigts

1. Sur la première note, prenez une bonne position des doigts et de l'embouchure.
2. Dans la mesure 3, ne relâchez pas les doigts de la main droite sur le *Sol* grave. La main droite vous aidera à maintenir une position stable de la clarinette.
3. Quand vous lâchez la main gauche, ne l'écartez pas trop des trous et maintenez la position fondamentale de la main et des doigts.
4. Dans la mesure 4, veillez à ce que les doigts et le pouce retombent ensemble.
5. Reprenez l'exercice (a) en jouant les notes des exercices (b), (c), (d) et (e).

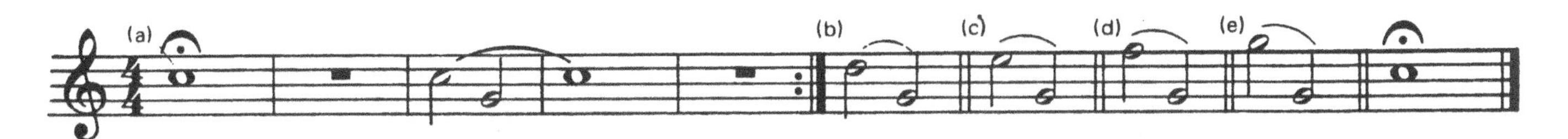

FFIGYSBREN

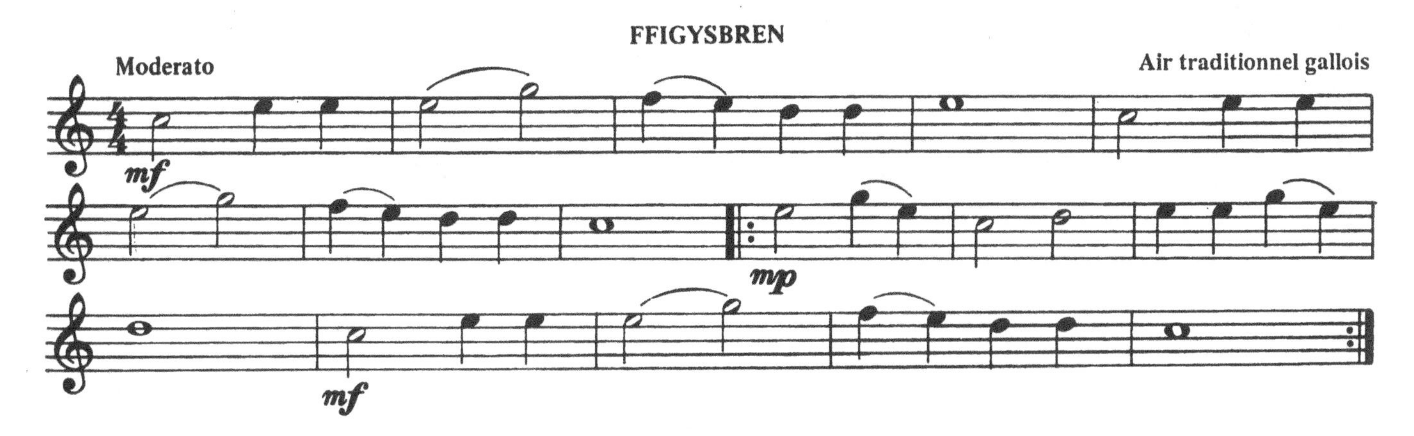

BRANLE DE CHAMPAGNE

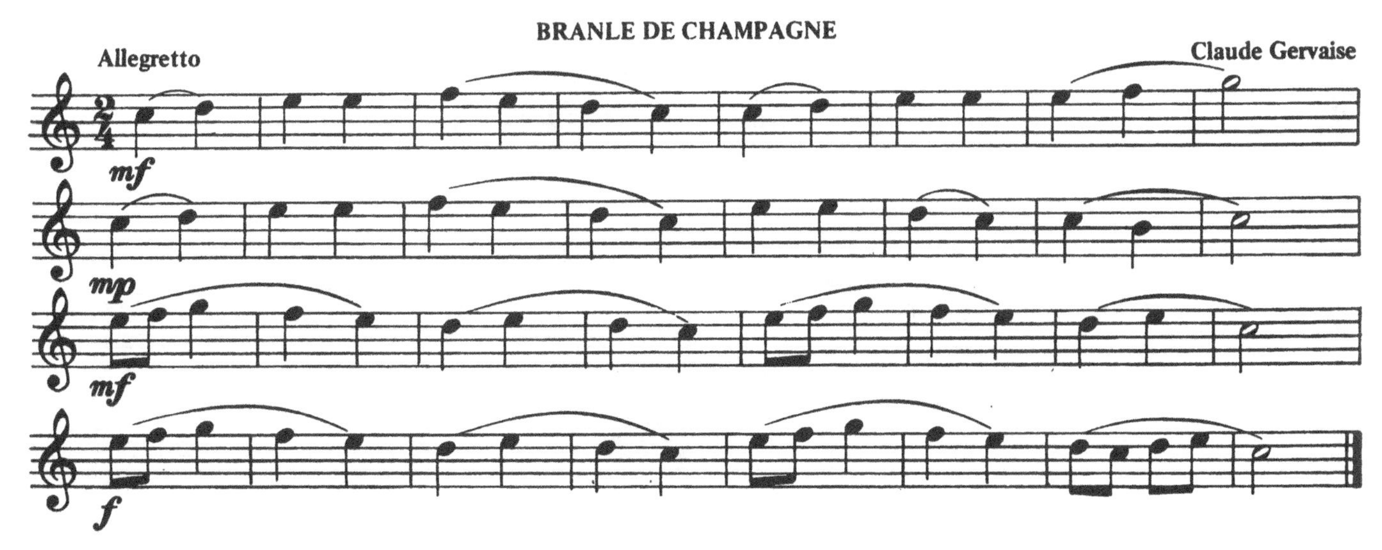

CHAPITRE 11

Nouvelles notes

Le dièse

On appelle dièse le signe indiquant que l'on hausse la note d'un demi-ton. De même que le bémol, on peut le placer juste devant la note qu'il concerne ou à la clef, au début de chaque portée.

Nouvelle armure

* Ces deux notes sont des *Fa* dièse comme l'indique l'armure de la clef.

Les deux tonalités qui ont un dièse à la clef sont *Sol* majeur et *Mi* mineur. La musique contenue dans ce chapitre est en *Sol* majeur.

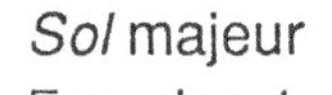

Sol majeur

Exercice 1

Exercice 2

Exercice 3

Gammes et arpèges

Sol majeur, à jouer par cœur.

Technique des doigts

1. En descendant du registre supérieur vers la clef 9, faites pivoter l'index. De même que dans le chapitre 5, seul le côté de l'articulation supérieure doit toucher la clef.
2. En descendant du registre supérieur vers *La* ou *Sol*, maintenez les doigts de la main droite enfoncés.
3. Pour jouer le *Fa* dièse du registre inférieur, les doigts de la main droite doivent être soulevés.

CHAPITRE 12

Le bécarre

Termes italiens

pp	*pianissimo* (très doux)	***ff***	*fortissimo* (très fort)
p	*piano* (doux)	***f***	*forte* (fort)
mp	*mezzo piano* (assez doux)	***mf***	*mezzo forte* (assez fort)
＞	de plus en plus doux	＜	de plus en plus fort

Le bécarre sert à annuler l'effet d'un dièse ou d'un bémol. Du fait qu'il s'agit d'une sorte d'altération accidentelle, son effet ne dure que pendant la mesure dans laquelle il se trouve. Cependant, si une note qui a été altérée reprend sa forme initiale dans la mesure suivante, on la précède souvent d'une altération accidentelle dite « de précaution » pour confirmer son retour à sa hauteur originale.

Les termes italiens servent aussi à désigner le caractère d'une pièce, les changements de mouvements, et les grandes reprises, comme *da capo.* Nous rappelons qu'une liste de ces termes avec leur traduction se trouve à la fin du volume.

Ci-dessus figure une liste de nuances avec leurs abréviations. Ces nuances seront travaillées en combinaison avec le travail sur la justesse et la stabilité de l'accord présenté dans ce chapitre.

ANDANTE

W. A. Mozart

Musicalité

Le crescendo et le diminuendo jouent un rôle important dans l'expression, mais il faut les employer à bon escient car ils ont également un effet sur la justesse des notes jouées. En règle générale, un crescendo (obtenu par l'augmentation de la pression d'air) fera monter le son et un diminuendo (obtenu par la réduction de la pression d'air) fera descendre le son. On corrige cette tendance à jouer faux en augmentant le support de la lèvre inférieure pendant le diminuendo et en le réduisant pendant le crescendo.

DUO N° 1

(2e mouvement)

Johann Gabrielsky

CHAPITRE 13

Nouvelles notes

Le demi-soupir

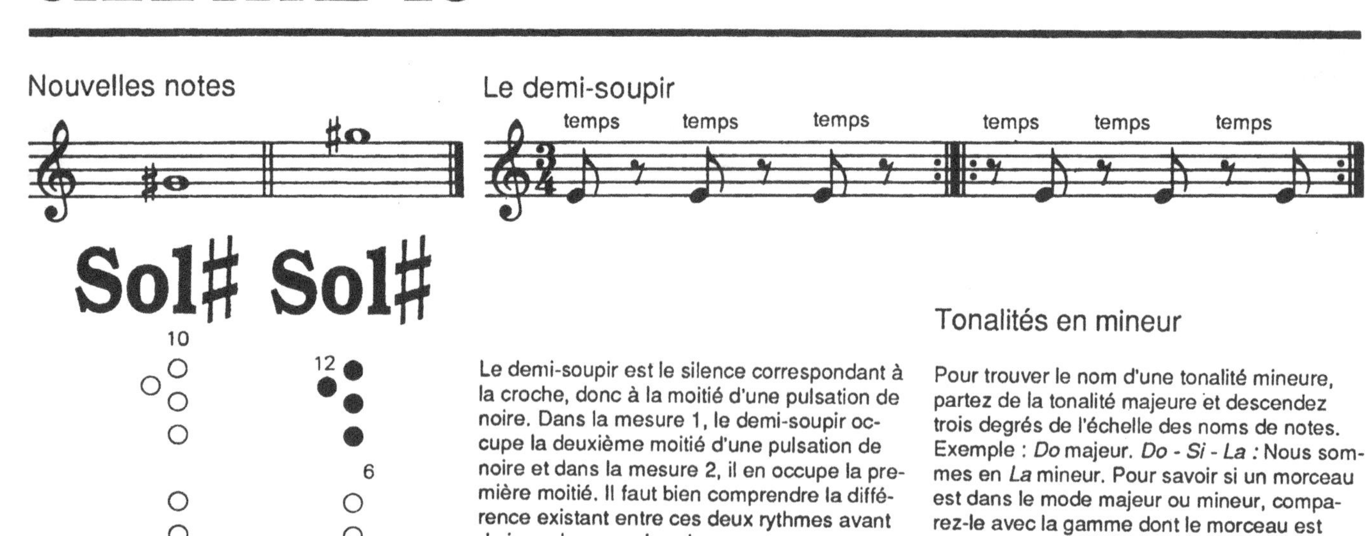

Le demi-soupir est le silence correspondant à la croche, donc à la moitié d'une pulsation de noire. Dans la mesure 1, le demi-soupir occupe la deuxième moitié d'une pulsation de noire et dans la mesure 2, il en occupe la première moitié. Il faut bien comprendre la différence existant entre ces deux rythmes avant de jouer les exercices les concernant.

Tonalités en mineur

Pour trouver le nom d'une tonalité mineure, partez de la tonalité majeure et descendez trois degrés de l'échelle des noms de notes. Exemple : *Do* majeur. *Do - Si - La :* Nous sommes en *La* mineur. Pour savoir si un morceau est dans le mode majeur ou mineur, comparez-le avec la gamme dont le morceau est composé.

La mineur

Exercice 1

Exercice 2

Gammes et arpèges

La mineur (harmonique), à jouer par cœur.

Gammes et arpèges

Do majeur, à jouer par cœur.

Technique des doigts

1. Jouez les deux exercices avec les muscles de l'index assez fermes et le poignet gauche légèrement détendu.
2. Pour atteindre le *Sol* dièse, faites un mouvement pivotant semblable à celui effectué pour jouer le *La.*
3. Veillez à garder la main en place au cours des deux exercices.

CHAPITRE 14

Mesures composées

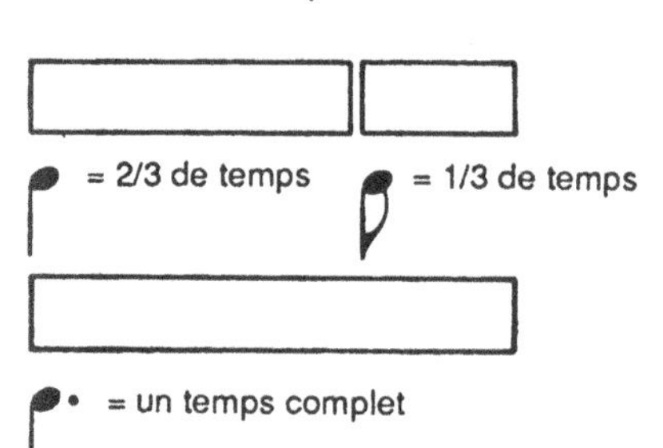

Chiffrage des mesures composées

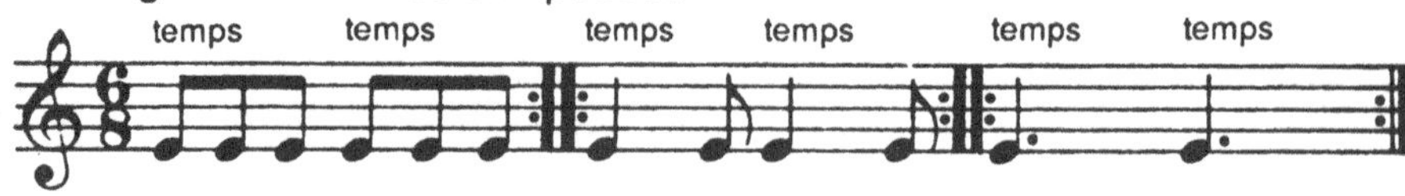

Lorsque les pulsations d'un morceau se divisent naturellement en trois, on dit de la mesure qu'elle est composée. Les différentes valeurs de notes restent les mêmes les unes par rapport aux autres : il y a, par exemple, toujours deux croches dans une noire, c'est leur valeur par rapport à la pulsation qui change et se transforme, ainsi que le montre l'exemple ci-dessus.

On utilise une nouvelle série de chiffrages de mesures pour indiquer les nouvelles valeurs des notes. L'exemple ci-dessus est à 6/8, indiquant qu'il y a deux pulsations d'une noire pointée dans chaque mesure. Un tableau complet des chiffrages des mesures composées et de leurs contenus figure à la fin de la méthode.

Exercice 1

Exercice 2

Exercice 3

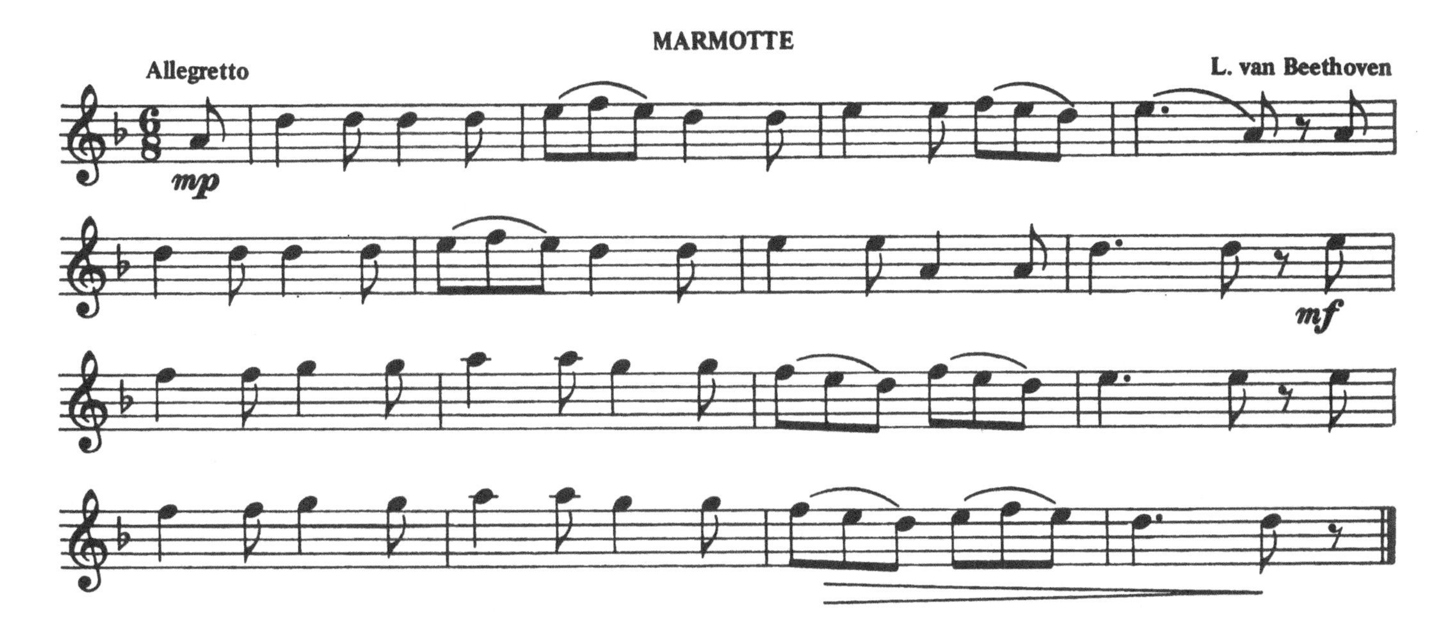

Conseils de déchiffrage

Pour lire les notes d'une pulsation ternaire, lisez-les comme s'il s'agissait de mots de trois syllabes.

Essayez, par exemple, de jouer le premier exercice en pensant au mot « *tâtonnant* », ou « *tétanos* », sur chaque groupe ; ou pensez « **UN**-et-puis-**DEUX**-et-puis », *etc.*

Appliquez ce principe de lecture dans les morceaux à tous les groupes rythmiques contenus dans une pulsation.

CHAPITRE 15

Nouvelles notes

Do♯ Do♯

deux doigtés possibles

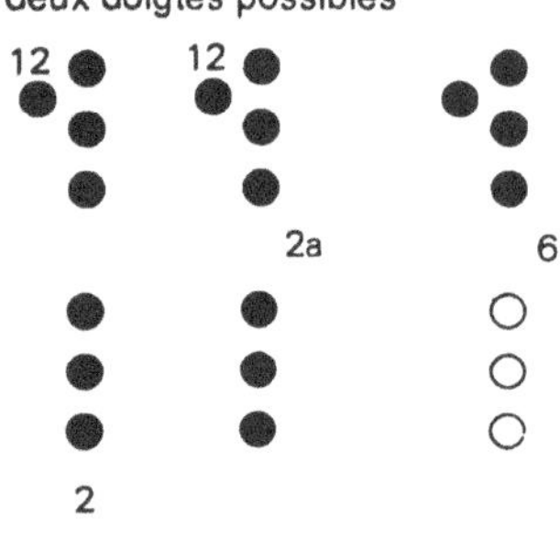

Nouvelle armure

Dans les tonalités comportant des dièses, le nom d'une tonalité est donné par la note qui suit le dernier dièse en montant. L'exemple montre une armure de deux dièses à la clef, le dernier dièse étant un *Do* dièse, la tonalité est *Ré* majeur.

Ornements (ou agréments)

Dans leur forme la plus simple, les broderies sont des notes ajoutées à une mélodie pour l'orner. Pour comprendre leur rôle, jouez d'abord l'exemple sans les deux notes de broderie, puis une deuxième fois avec les broderies ornant le *Si*. En règle générale, les broderies doivent être jouées gracieusement et légèrement.

Ré majeur

Exercice 1

Exercice 2

Exercice 3

Gammes et arpèges

Ré majeur, à jouer par cœur.

Technique des doigts

1. Le doigté du *Do* dièse aigu peut être obtenu avec la clef 2 ou la clef 2a. Dans de nombreuses pièces, les deux doigtés sont possibles. Il est cependant d'usage d'utiliser le doigté de la main droite si la note intervient comme une altération accidentelle (« Valse » de Brahms, mes. 7), ou s'insère dans un passage en *Ré* majeur (exercice 1).
2. Si le *Do* dièse aigu se trouve dans un passage chromatique (c'est-à-dire s'il suit un *Do* naturel), on utilise la clé 2a. On identifie généralement les endroits où l'on emploie le doigté de main gauche par la lettre *(G)*.

CHAPITRE 16

Tenuto

Mesures de 1e et de 2e fois

Le signe tenuto placé au dessus d'une note signifie que la pression d'air insiste légèrement sur cette note. On s'en sert aussi pour un coup de langue dans lequel la syllabe est répétée sans interruption notable du souffle.

Il arrive que la fin d'un fragment joué deux fois soit modifiée à la reprise. Dans ce cas, on utilise des mesures de 1e fois et de 2e fois. L'exemple est extrait de « C'est un rempart que notre Dieu » dans lequel on joue normalement les quatre premières mesures la première fois, mais à la reprise on remplace la mesure de 1e fois par la mesure de 2e fois.

Exercice 1

Exercice 2

Exercice 3

Musicalité

Dans certaines pièces, le caractère général demande de jouer staccato un grand nombre de notes. Dans ce cas, on omet fréquemment les points au-dessus des notes, laissant à l'interprète le soin de jouer la musique en style staccato, comme dans le « Duo » de Frédéric Berr.

MORCEAUX DE CONCERT DES CHAPITRES 9 À 16

De même que les premières pièces d'audition, celles-ci devraient être accompagnées au piano de façon à s'entraîner à jouer avec un accompagnateur.

UN VIEUX CONTE

extrait de « 24 Easy Concert Pieces for Violin and Piano »

ALLEMANDE

extrait de « 12 German Dances »

JOSEPH HAYDN
(1732-1809)
arr. PETER WASTALL

MINUIT À TOBAGO

CHAPITRE 17

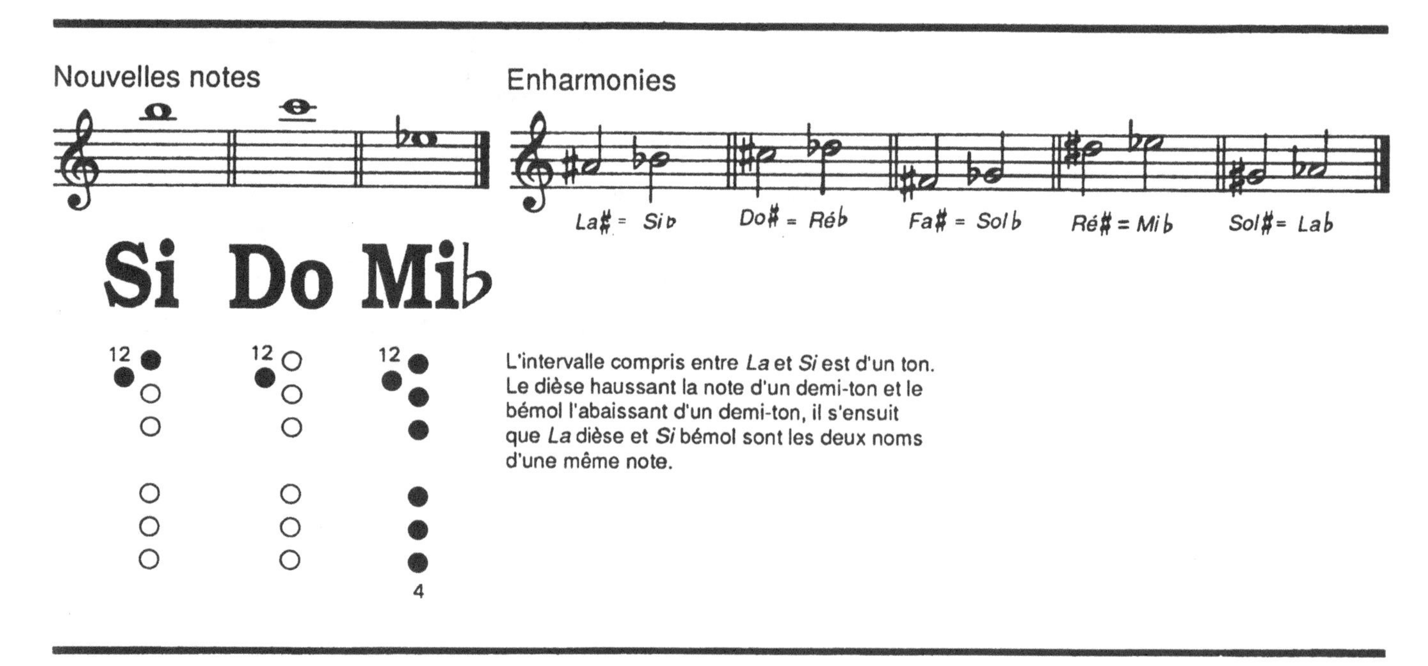

L'intervalle compris entre *La* et *Si* est d'un ton. Le dièse haussant la note d'un demi-ton et le bémol l'abaissant d'un demi-ton, il s'ensuit que *La* dièse et *Si* bémol sont les deux noms d'une même note.

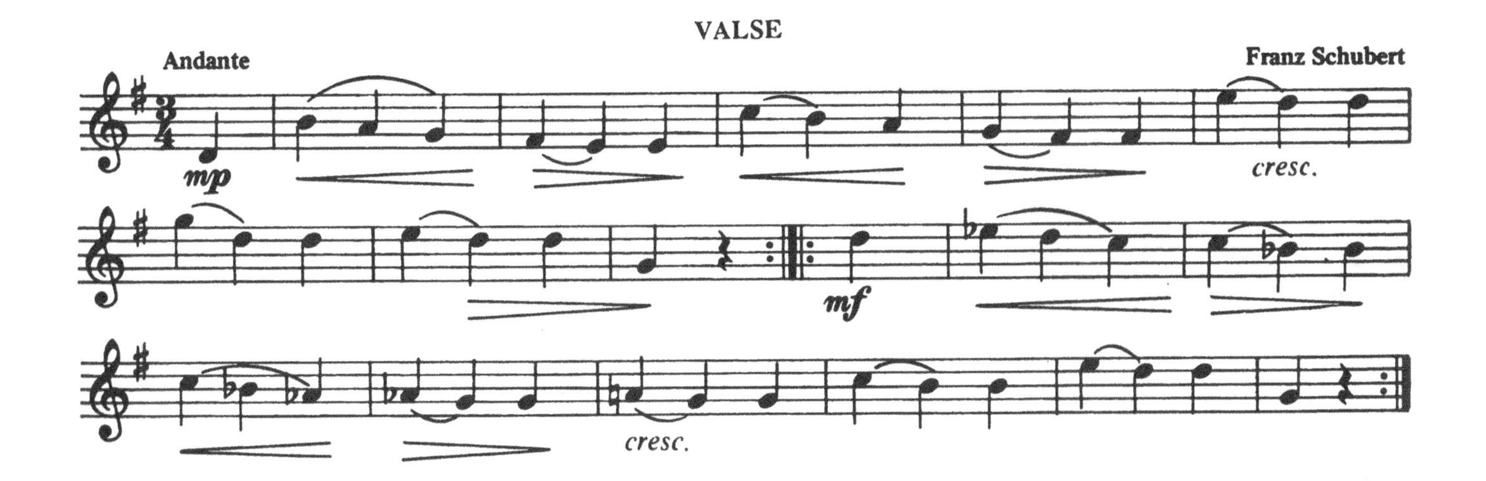

Technique des doigts

1. La clé 3a sert au doigté de main gauche du *Do* aigu et du *Fa* grave. On l'utilise dans le registre supérieur lorsque *Do* est précédé ou suivi de *Mi♭*, comme dans l'exercice (a).
2. Lorsque le doigté de main gauche du *Do* est suivi ou précédé de *Si*, on utilise le doigté de main droite (clé 1a) pour le *Si*, comme dans l'exercice (b).

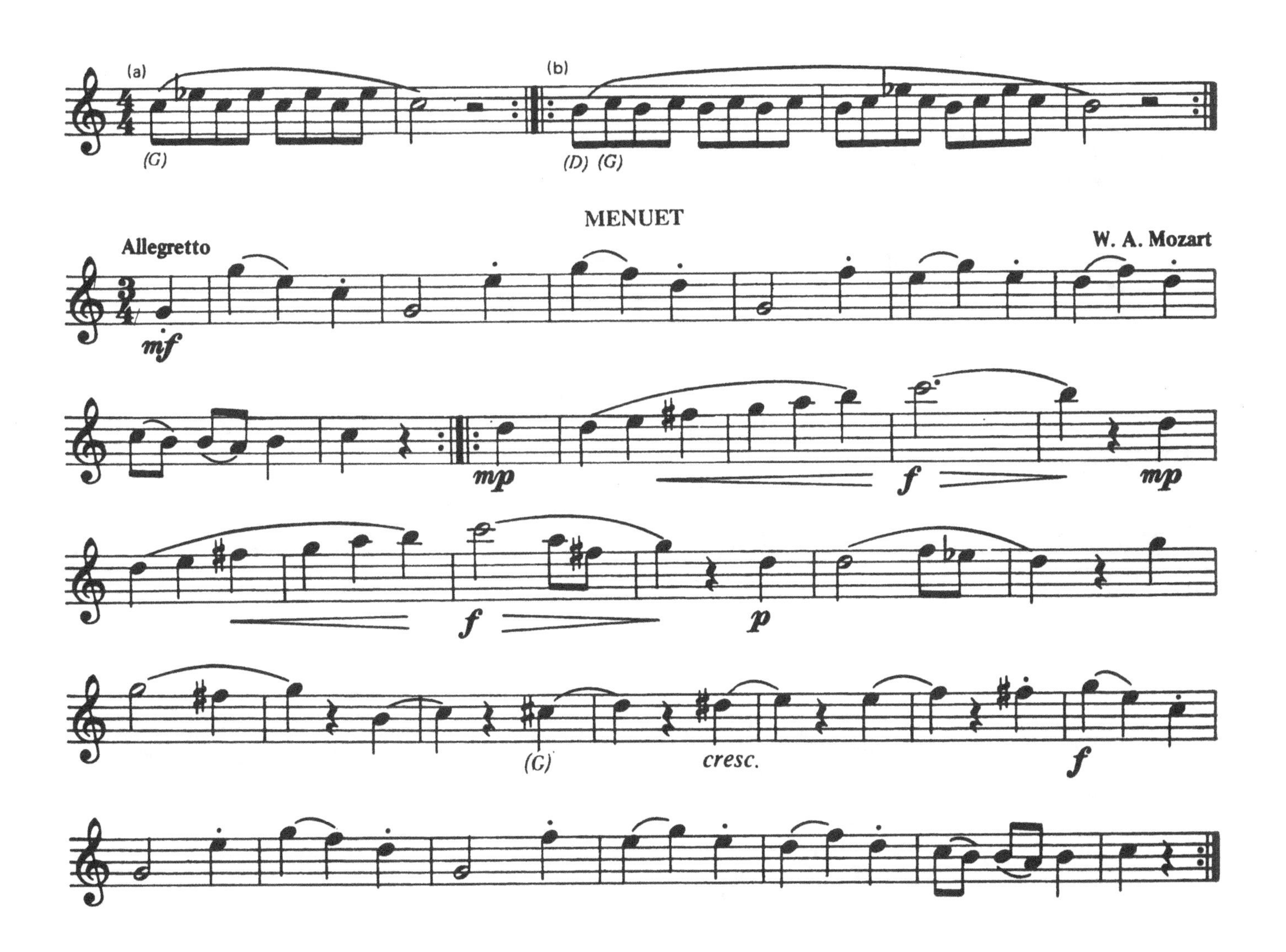

CHAPITRE 18

La double croche

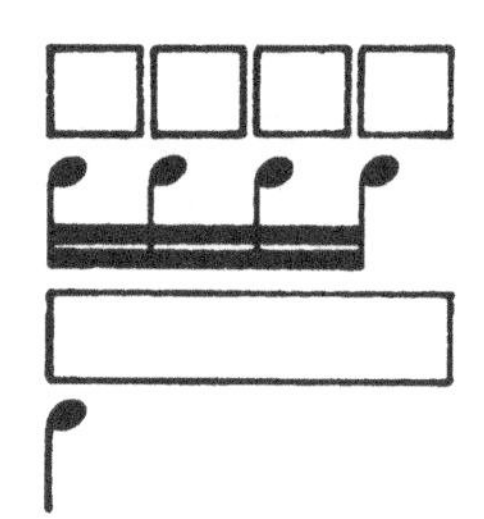

La syncope

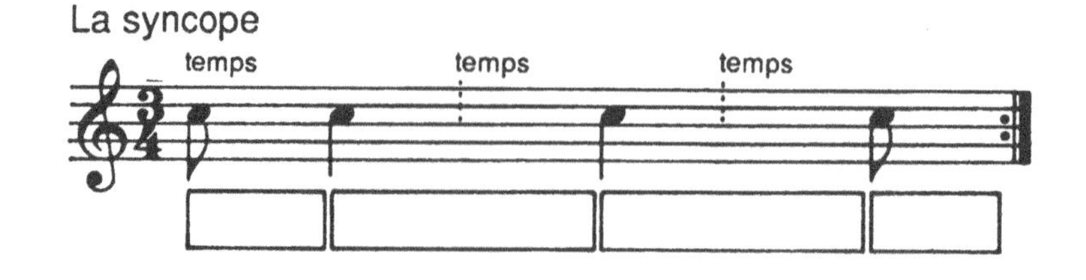

La valeur d'une double croche est égale au quart d'une noire. On l'écrit avec deux crochets en haut de la hampe. De même que pour les croches, on relie les doubles croches d'une même pulsation par des barres transversales.

On appelle syncope la formule rythmique dans laquelle les notes accentuées se placent entre les temps au lieu de coïncider avec eux. Comme vous le verrez dans le duo, les croches non accentuées sont généralement jouées staccato pour aider à placer les notes syncopées en dehors des temps.

Exercice 1

Exercice 2

Gammes et arpèges

Fa majeur (sur deux octaves), à jouer par cœur.

Conseils de déchiffrage

Lisez chaque groupe de doubles croches comme vous liriez un mot de quatre syllabes (par exemple « tirelire »). Commencez par des fragments faciles à jouer (comme les deux exercices de la page précédente) et efforcez-vous de considérer chaque groupe de doubles croches comme un ensemble.

CHAPITRE 19

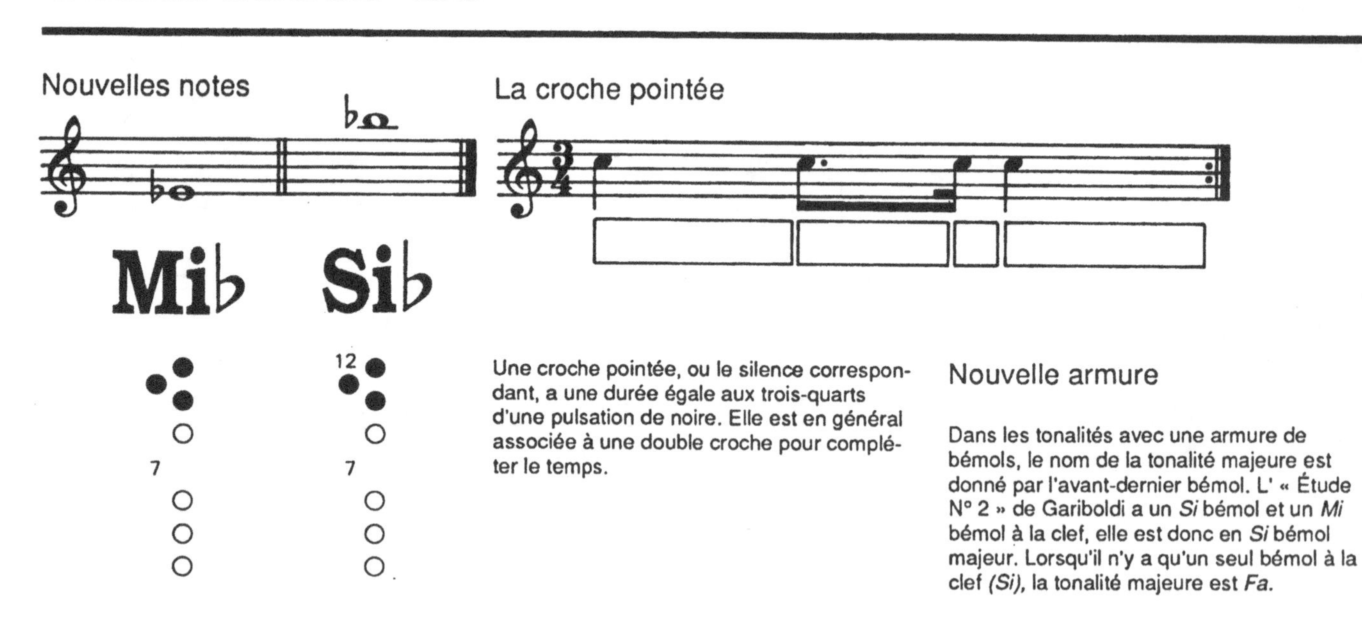

Une croche pointée, ou le silence correspondant, a une durée égale aux trois-quarts d'une pulsation de noire. Elle est en général associée à une double croche pour compléter le temps.

Nouvelle armure

Dans les tonalités avec une armure de bémols, le nom de la tonalité majeure est donné par l'avant-dernier bémol. L' « Étude N° 2 » de Gariboldi a un *Si* bémol et un *Mi* bémol à la clef, elle est donc en *Si* bémol majeur. Lorsqu'il n'y a qu'un seul bémol à la clef *(Si)*, la tonalité majeure est *Fa*.

Conseils de déchiffrage

La technique de lecture d'une double croche isolée consiste à l'annexer à la note qui la suit. Dans les mouvements rapides, un bon moyen d'y parvenir est de prononcer les deux notes comme dans les mots « tout doux ». Par exemple, jouez la première note de la « Marche » de Schumann, puis pensez aux mots « tout doux » sur les deux notes suivantes ; ou jouez la première mesure en pensant « toi, tu dis ». On peut avoir recours à ce procédé dans tous les cas de rythmes pointés.

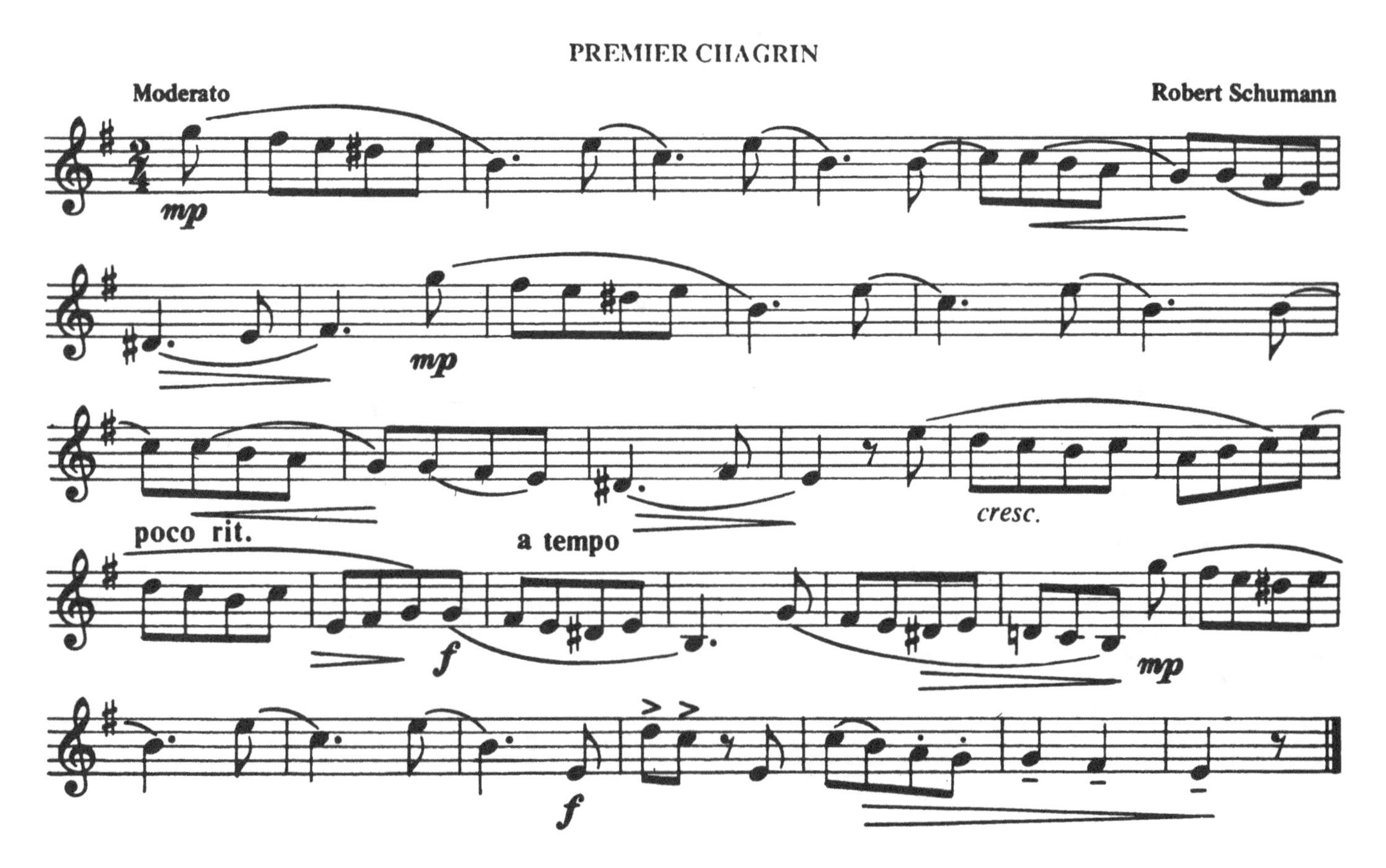

CHAPITRE 20

Le quart de soupir

Le quart de soupir est le silence correspondant à la double croche et est égal au quart d'une pulsation de noire. Comme la double croche, on l'écrit avec deux crochets. On trouvera un exemple de quart de soupir dans le duo.

Formules rythmiques utilisant des doubles croches

En combinant les quarts de soupir et les demi-soupirs, on peut composer plusieurs schémas rythmiques nouveaux. Il est nécessaire d'étudier les exemples attentivement avant d'aborder les exercices.

Exercice 1

Exercice 2

Gammes et arpèges

Sol majeur (deux octaves), à jouer par cœur.

Mi mineur (harmonique), à jouer par cœur.

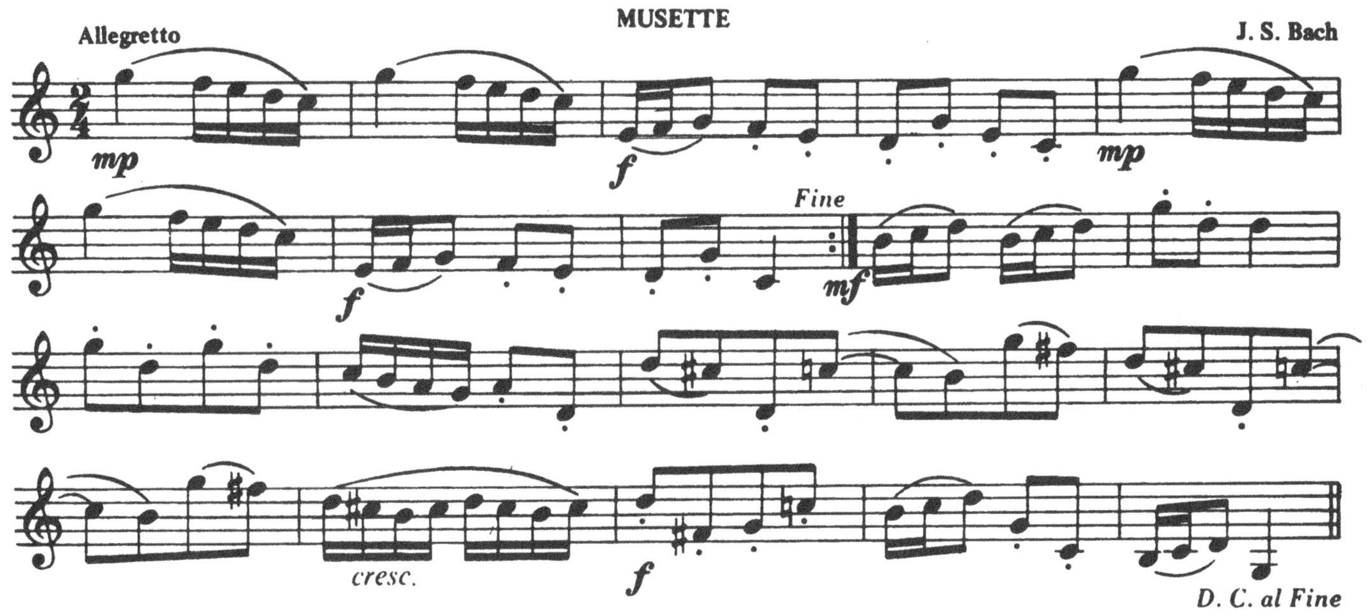

Musicalité

Vous constaterez que le caractère général du « Duo » de Frédéric Berr est la souplesse. Pour l'obtenir, utilisez un coup de langue très doux, comme si vous prononciez la syllabe « da ». Cette manière de jouer s'appelle le style legato. Comparez ce style et celui de la « Musette » de Bach dans laquelle certaines croches demandent à être jouées avec un staccato net.

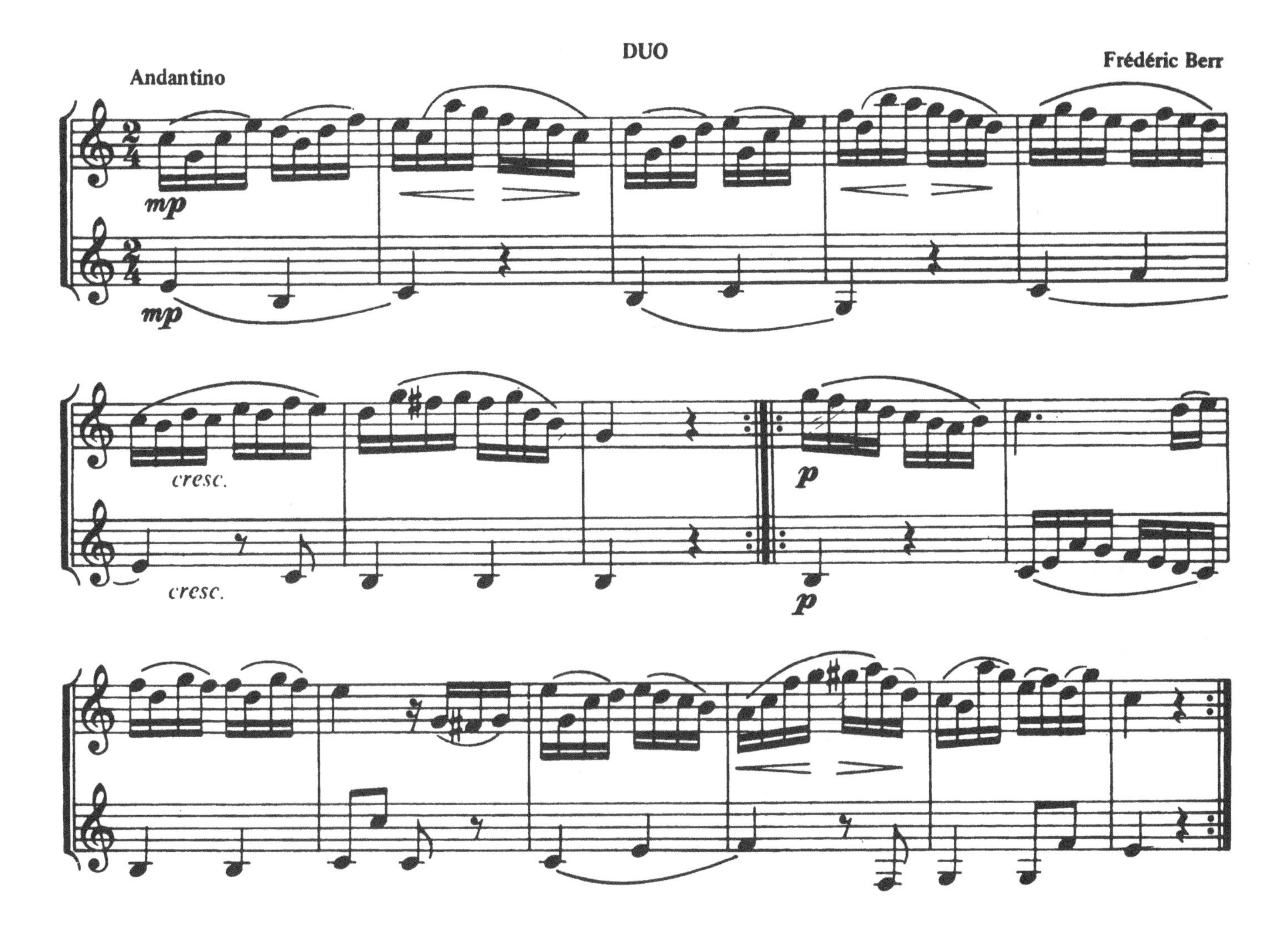

CHAPITRE 21

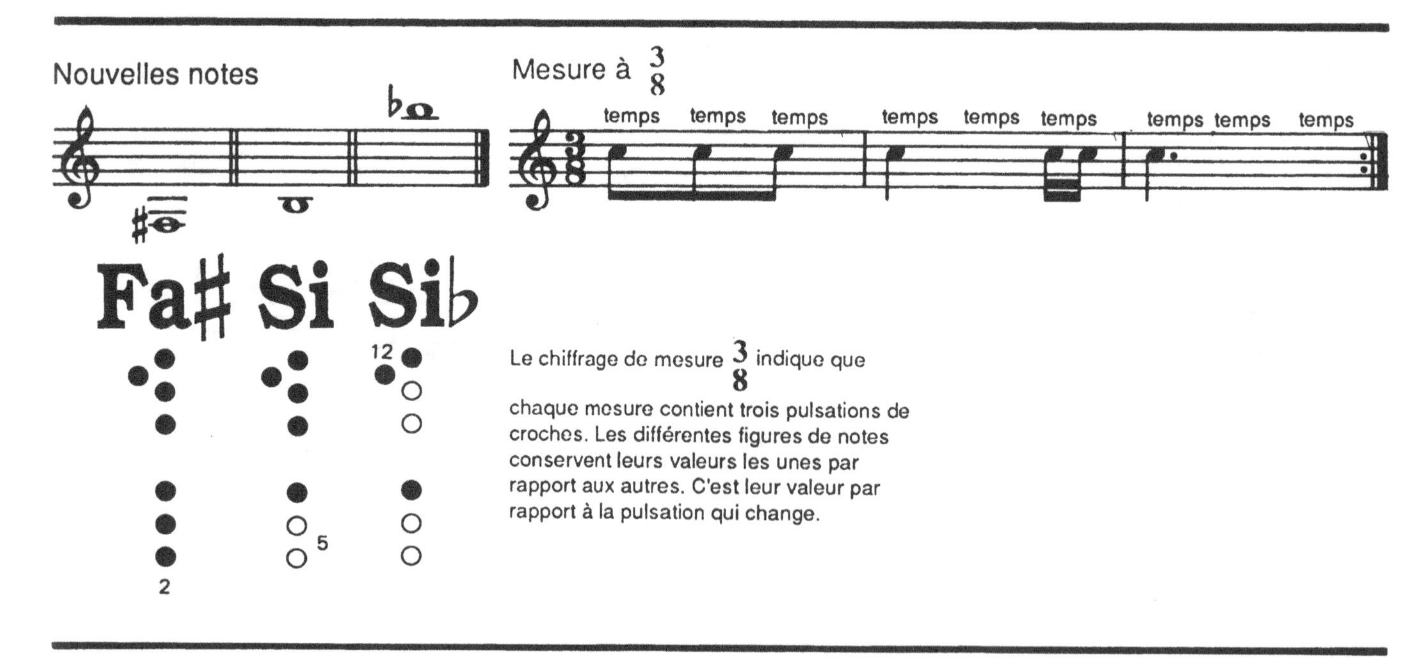
Nouvelles notes
Fa♯ Si Si♭
Mesure à 3/8
temps temps temps
temps temps temps
temps temps temps
Le chiffrage de mesure 3/8 indique que chaque mesure contient trois pulsations de croches. Les différentes figures de notes conservent leurs valeurs les unes par rapport aux autres. C'est leur valeur par rapport à la pulsation qui change.

ÉTUDE N° 3
D'après une étude de Giuseppe Gariboldi
Allegretto grazioso
p
cresc.
mf
pp
f

Technique des doigts

1. On utilise le doigté indiqué dans ce chapitre pour jouer le *Si* grave dans un mouvement chromatique (Aylesford's Piece, mes. 1 et 2). Dans le registre supérieur ce doigté chromatique serait celui du *Fa* dièse (chapitre 22).
2. Lorsque le *Si* bémol du registre supérieur est suivi ou précédé de notes utilisant un doigté de main droite, on se sert souvent du deuxième doigté indiqué dans ce chapitre ; cela s'appelle un doigté-fourche. Voyez par exemple les endroits marqués *F1* de la « Chanson de chasse » de Schumann.

CHAPITRE 22

L'appoggiature brève

Une appoggiature brève est une petite note d'ornement dont la hampe est barrée. On la joue sur le temps et la plus courte possible.

Changement de mesure

Il arrive que la mesure change au cours d'un morceau. Dans ce cas, le mouvement de la pulsation reste généralement le même, c'est le nombre de pulsations qui varie. Cet exemple est extrait de l' « Hymne à la nature » de Istvan Szelényi.

Exercice 1

D'après une étude de Wilhelm Popp

Gammes et arpèges

Si bémol majeur, à jouer par cœur

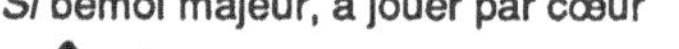

Sol mineur (harmonique), à jouer par cœur

Arpège de *Si* bémol majeur — Arpège de *Sol* mineur

Technique des doigts

1. On utilise souvent le doigté du trille sur la clef 9a lorsque le *La* médium apparaît comme appoggiature du *Sol*, comme dans la mesure 2 de l'étude de Wilhelm Popp.
2. On utilise le doigté du trille sur *Si* (*La*, plus clef 11) lorsque le *Si* du registre supérieur apparaît comme appoggiature du *La*, comme dans la mesure 4 de l'étude de Wilhelm Popp.

CHAPITRE 23

Le chiffrage de mesure $\frac{3}{2}$ indique que chaque mesure contient trois pulsations de blanches. Les différentes figures de notes conservent leur valeur les unes par rapport aux autres. C'est leur valeur par rapport à la pulsation qui change.

Technique des doigts

1. La clef 7a est un autre doigté possible du *Ré* dièse du registre inférieur. On l'utilise surtout dans les enchaînements chromatiques, comme dans la mesure 7 de l' « Andante » de Diabelli.
2. Pour le *Fa* dièse du registre médium, il est possible d'utiliser le doigté indiqué dans ce chapitre. Voyez par exemple la mesure 7 de l' « Andante » de Diabelli.

CHAPITRE 24

Le triolet

On peut définir le triolet comme trois notes jouées au lieu de deux notes de la même valeur (trois croches au lieu de deux, par exemple). On place le chiffre 3 au dessus ou en dessous du groupe de notes pour indiquer ce changement exceptionnel de valeur de notes.

Mesures de silence

Lorsque plusieurs mesures de silences se suivent, on place une épaisse ligne horizontale dans une seule mesure au-dessus de laquelle on indique le nombre de mesures à compter. Cet exemple est extrait du Morceau de Concert page 58.

Musicalité

Les deux morceaux de ce chapitre sont précédés d'indications sur leur caractère : *dolce espressivo* pour l' « Aria » de Händel et *grazioso* pour le « Menuet » de Mozart. Attachez-vous à rendre ces caractères, lorsque vous vous exercez, et utilisez la configuration des phrases pour mettre en évidence votre maîtrise des nuances. Les notes répétées de l' « Aria » présentent une bonne illustration du jeu tenuto expressif. Songez que les indications de jeu sont un bon point de départ pour vous permettre de forger votre propre expression.

MORCEAUX DE CONCERT DES CHAPITRES 17 À 24

MENUET ET TRIO

extrait de « 12 German Dances »

L. van BEETHOVEN
(1770-1827)
arr. PETER WASTALL

LARGO

extrait de « Sonatine N° 3 »

G. P. TELEMANN
(1681-1767)
arr. PETER WASTALL et DEREK HYDE

AIR

extrait du « Freischütz »

CARL MARIA von WEBER
(1786-1826)
arr. PETER WASTALL

SUBURBAN SUNDAY

KEITH RAMON COLE

CAROL

extrait de « Five Bagatelles »

GERALD FINZI
(1901-1956)

TABLEAU DES DOIGTÉS

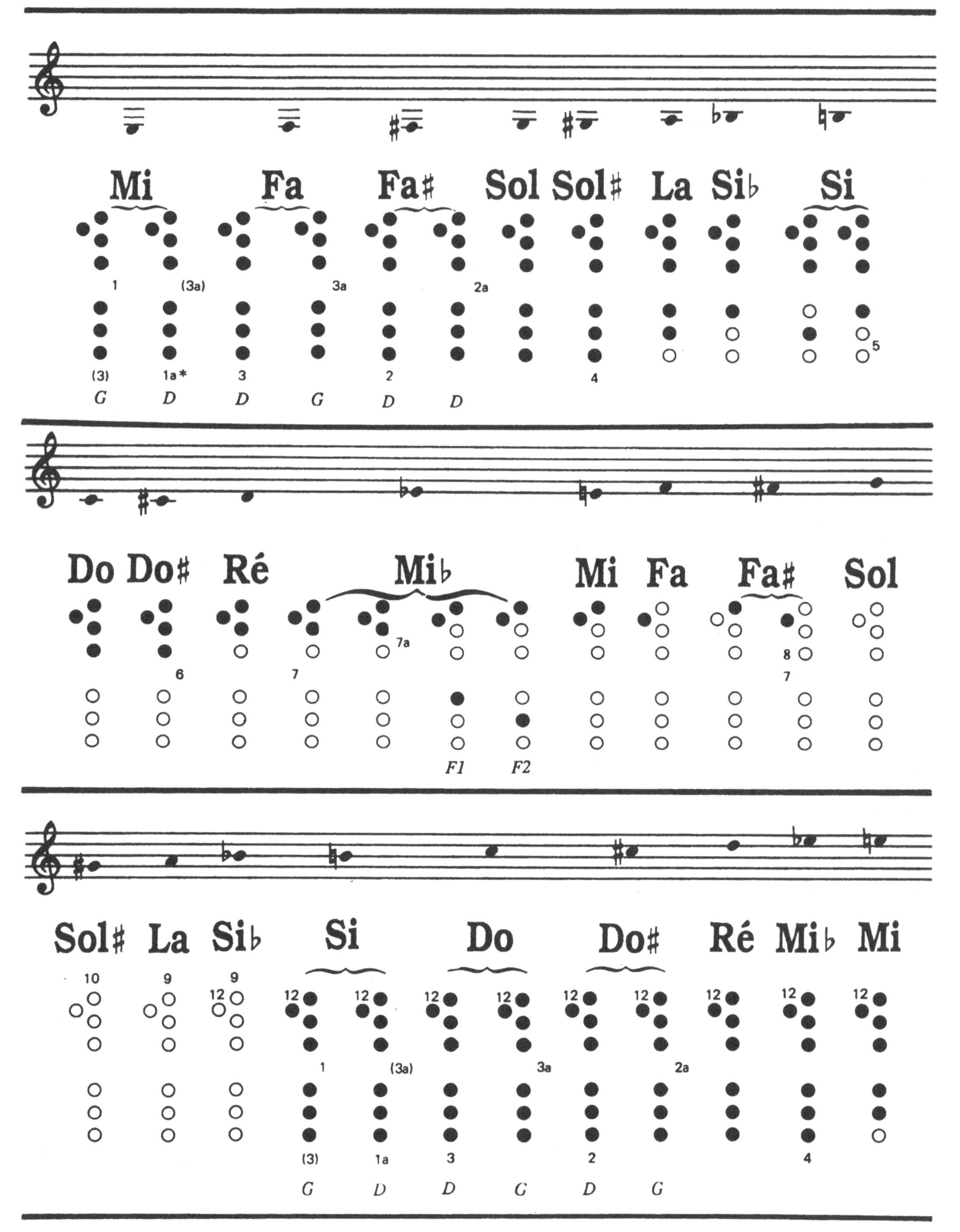

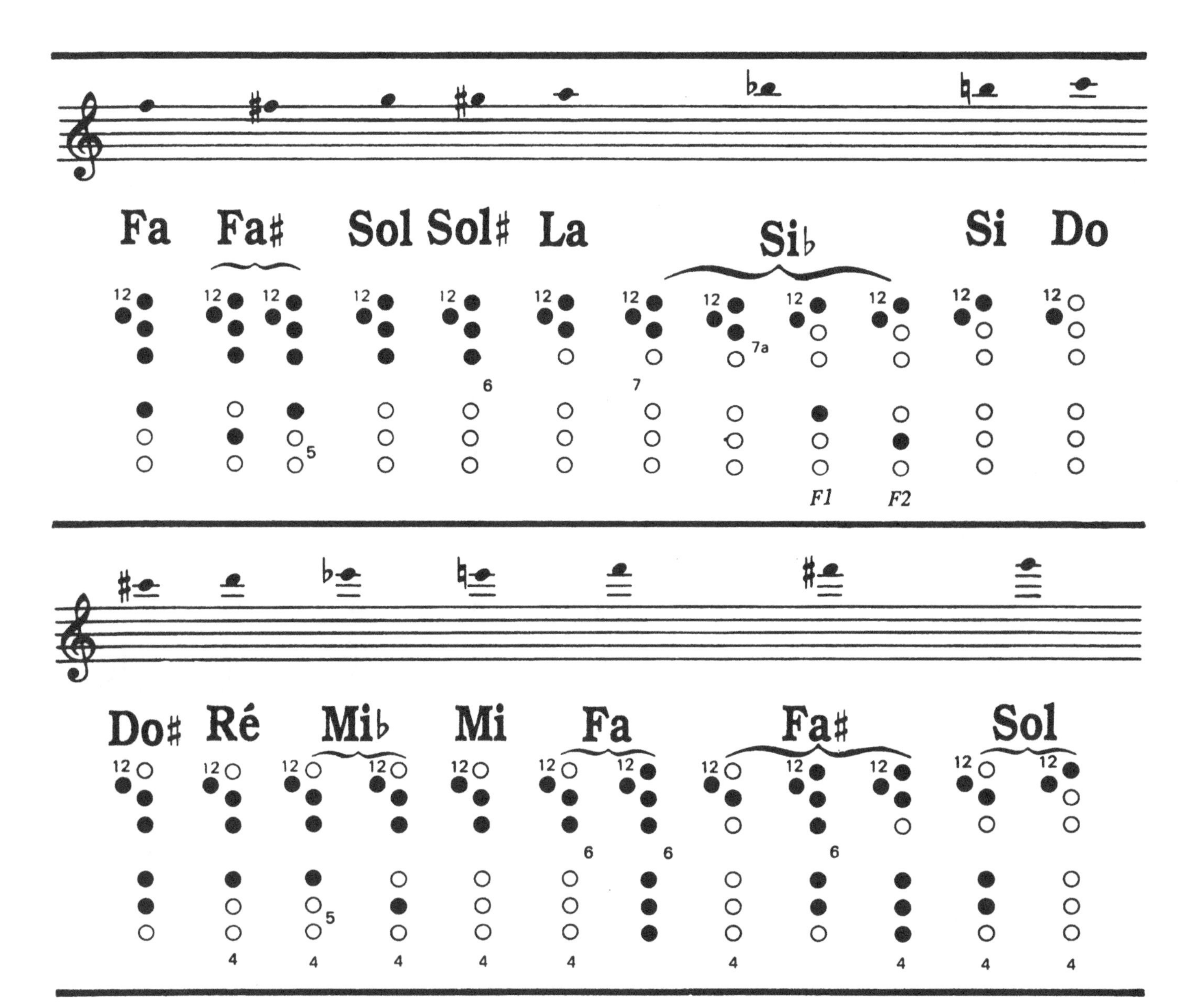

( ) au choix

* Les clés 1a, 2a et 3a doublent les clés 1, 2 et 3.
(Se reporter aux chapitres 15 et 17 pour leur utilisation.)

CHIFFRAGES DES MESURES

1. Cherchez le chiffrage de mesure de votre morceau.

2. Cherchez le nombre de pulsations par mesure dans la colonne de gauche.

3. Cherchez sur la première ligne la figure de note qui vaut un temps

	Mesures simples			Mesures composées		
Valeur de chaque pulsation (type de note)	𝅗𝅥	♩	♪	𝅗𝅥.	♩.	♪.
Valeur de la pulsation en fractions de ronde	1/2	1/4	1/8	3/4	3/8	3/16
2 temps par mesure	2/2	2/4	2/8	6/4	6/8	6/16
3 temps par mesure	3/2	3/4	3/8	9/4	9/8	9/16
4 temps par mesure	4/2	4/4	4/8	12/4	12/8	12/16

TERMES ITALIENS

A tempo	au mouvement initial
Accelerando	de plus en plus vite
Adagio	lent
Agitato	agité
Alla marcia	comme une marche
Allargando	en élargissant
Allegretto	assez rapide
Allegro	rapide
Andante	allant, assez lent
Andantino	assez allant
Animato	animé
Cantabile	chantant
Con	avec
Crescendo *(cresc.)*	de plus en plus fort
Da Capo (D.C.) al Fine	du début au mot fine
Dal Segno (D.S.)	depuis le signe
Deciso	décidé
Diminuendo *(dim.)*	de plus en plus doux
Dolce	doux
E, Ed	et
Espressivo *(espress.)*	avec expression
Forte *(f)*	fort
Fortissimo *(ff)*	très fort
Giocoso	joyeux
Grazioso	gracieux
Largo	lent et large
Larghetto	plus rapide que largo
Legato	lié
Leggiero	léger
Lento	lent
Maestoso	majestueux
Meno mosso	moins vite
Mezzo forte *(mf)*	moyennement fort
Mezzo piano *(mp)*	modérément doux
Moderato	modéré
Molto	très
Moto	mouvement
Non troppo	pas trop
Pianissimo *(pp)*	très doux
Piano *(p)*	doux
Più mosso	plus vite
Poco a poco	peu à peu
Pomposo	pompeux
Presto	très rapide
Quasi	comme
Rallentando (rall.)	en ralentissant
Ritenuto (rit.)	retenu
Rubato	souple
Semplice	simple
Sempre	toujours
Sforzando *(sf, sfz)*	en accentuant
Solenne	solennel
Sonore	sonore
Sostenuto	soutenu
Spirito	esprit
Tempo I	au premier mouvement
Tenuto	tenu
Tranquillo	calme
Un poco	un peu
Vivace	vif